MICHEL FOUCAULT

FUNDAÇÃO EDITORA DA UNESP

Presidente do Conselho Curador
Mário Sérgio Vasconcelos

Diretor-Presidente / Publisher
Jézio Hernani Bomfim Gutierre

Superintendente Administrativo e Financeiro
William de Souza Agostinho

Conselho Editorial Acadêmico
Divino José da Silva
Luís Antônio Francisco de Souza
Marcelo dos Santos Pereira
Patricia Porchat Pereira da Silva Knudsen
Paulo Celso Moura
Ricardo D'Elia Matheus
Sandra Aparecida Ferreira
Tatiana Noronha de Souza
Trajano Sardenberg
Valéria dos Santos Guimarães

Editores-Adjuntos
Anderson Nobara
Leandro Rodrigues

ARIANNA SFORZINI

MICHEL FOUCAULT

Um pensar do corpo

Tradução
Eduardo Maurício da Silva Bomfim

Título original: *Michel Foucault: Une pensée du corps*

© 2014 Presses Universitaires de France / Humensis
© 2023 Editora Unesp

Direitos de publicação reservados à:
Fundação Editora da Unesp (FEU)
Praça da Sé, 108
01001-900 – São Paulo – SP
Tel.: (0xx11) 3242-7171
Fax: (0xx11) 3242-7172
www.editoraunesp.com.br
www.livrariaunesp.com.br
atendimento.editora@unesp.br

Dados Internacionais de Catalogação na Publicação (CIP) de acordo com ISBD
Elaborado por Vagner Rodolfo da Silva – CRB-8/9410

S523m   Sforzini, Arianna

Michel Foucault: um pensar do corpo / Arianna Sforzini; traduzido por Eduardo Maurício da Silva Bomfim. – São Paulo: Editora Unesp, 2023.

Inclui bibliografia.
ISBN: 978-65-5711-178-9

1. Filosofia. 2. Michel Foucault. 3. Corpo. I. Bomfim, Eduardo Maurício da Silva. II. Título.

2023-583   CDD 100
                                                 CDU 1

Editora afiliada:

Sumário

Abreviações utilizadas para as obras de Michel Foucault 7
Introdução 9

A observação dos corpos 13
  Arqueologia do corpo 13
  O homem refletido no cadáver: os corpos da clínica 18
  A busca por um corpo da loucura 24
  Genealogia, proveniências: os corpos da história 28

O governo dos corpos 31
  Corpo do rei e corpo supliciado 31
  A publicidade dos castigos: o corpo-sinal 34
  O homem-máquina: o corpo dócil 38
  Masturbação, corpo da família e implantação perversa:
    o corpo sexual 43
  Desejos e prazeres: o corpo do "contra-ataque" 49

A provação de seu corpo 57
  A dietética dos antigos: o corpo atlético 57
  Medicina e cuidado de si: o corpo resistente 64
  A assimilação dos logoi: o corpo de verdade 70
  Confissão, luxúria, deleite: o corpo-carne 75
  Carne e concupiscência: o corpo casto 79

As batalhas dos corpos 87
  Por uma "nova imaginação política": o corpo utópico 87

A simulação verificadora: o corpo histérico **91**
Os combates do consentimento: o corpo possuído **97**
Uma "militância em meio aberto": o corpo cínico **103**

Referências bibliográficas **111**

ABREVIAÇÕES UTILIZADAS PARA AS OBRAS DE MICHEL FOUCAULT

AN   *Les Anormaux. Cours au Collège de France. 1974-1975*. MARCHET-TI, V.; Salomoni, A. (org.). Paris: Seuil; Gallimard, 1999. [Ed. bras.: *Os anormais*. São Paulo: Martins Fontes, 2010.]

CU   *Le Corps utopique*, suivi de *Les Hétérotopies*. Paris: Nouvelles Éditions Lignes, 2009. [Ed. bras.: *O corpo utópico, As heterotopias*. São Paulo: N-1 Edições, 2013.]

CV   *Le Courage de la vérité. Le gouvernement de soi et des autres II. Cours au Collège de France. 1983-1984*. GROSS, F. (org.). Paris: Seuil; Gallimard, 2009. [Ed. bras.: *A coragem da verdade: o governo de si e dos outros II*. São Paulo: Martins Fontes, 2013.]

DE I   *Dits et écrits I, 1954-1975*. DEFERT, D.; EWALD, F. (org.) com a colaboração de J. Lagrange. Paris: Gallimard, 2001. [Ed. bras.: *Ditos e escritos*. Rio de Janeiro: Forense Universitária, 10 volumes publicados entre 1999 e 2014.]

DE II   *Dits et écrits II, 1976-1988*. DEFERT, D.; EWALD, F. (org.) com a colaboração de J. Lagrange. Paris: Gallimard, 2001. [Ed. bras.: *Ditos e escritos*. Rio de Janeiro: Forense Universitária, 10 volumes publicados entre 1999 e 2014.]

FDS   *Il faut défendre la société. Cours au Collège de France. 1975-1976*. BERTANI, M.; FONTANA, A. (org.). Paris: Seuil; Gallimard, 1997. [Ed. bras.: *Em defesa da sociedade*. São Paulo: Martins Fontes, 2005.]

GV   *Du gouvernement des vivants. Cours au Collège de France. 1979-1980*. SENELLART, M. (org.). Paris: Seuil; Gallimard, 2012. [Ed. bras.: *Do governo dos vivos*. São Paulo: Martins Fontes, 2014.]

HS   *L'Herméneutique du sujet. Cours au Collège de France. 1981-1982*. GROSS, F. (org.). Paris: Seuil; Gallimard, 2001. [Ed. bras.: *A hermenêutica do sujeito*. São Paulo: Martins Fontes, 2010.]

LSP   *La Société punitive. Cours au Collège de France. 1972-1973*. HARCOURT, B. (org.). Paris: Seuil; Gallimard, 2013. [Ed. bras.: *A sociedade punitiva*. São Paulo: Martins Fontes, 2015.]

MC   *Les Mots et les choses*. Paris: Gallimard, 1966. [Ed. bras.: *As palavras e as coisas*. São Paulo: Martins Fontes, 1981.]

MFDV	*Mal faire, dire vrai*. Fonctions de l'aveu en justice. BRION, F.; HARCOURT, B. (org.). Louvain; Chicago: Presses Universitaires de Louvain; University of Chicago Press, 2012. [Ed. bras.: *Malfazer, dizer verdadeiro*. São Paulo: Martins Fontes, 2018.]
NC	*Naissance de la clinique*. Paris: PUF, 1963 (1972^2; "Quadrige", 2009^8). [Ed. bras.: *O nascimento da clínica*. Rio de Janeiro: Forense Universitária, 1977.]
NGH	Nietzsche, la généalogie, l'histoire. In: *Hommage à Jean Hyppolite*. Paris: PUF, 1971, p.145-72 (republicado em *DE I*, texto n.84, p.1004-24). [Ed. bras.: Nietzsche, a genealogia e a história. In: *Microfísica do poder*. Rio de Janeiro: Edições Graal, 2007; *Ditos e escritos II*. Rio de Janeiro: Forense Universitária, 2000.]
OHS	*L'Origine de l'herméneutique de soi*. FRUCHAUD, H.-P.; LORENZINI, D. (org.). Paris: Vrin, 2013.
PP	*Le Pouvoir psychiatrique. Cours au Collège de France. 1973-1974*. LAGRANGE, J. (org.). Paris: Seuil; Gallimard, 2003. [Ed. bras.: *O poder psiquiátrico*. São Paulo: Martins Fontes, 2006.]
SP	*Surveiller et punir*. Paris: Gallimard, 1975 ("Tel", 1993). [Ed. bras.: *Vigiar e punir*. Petrópolis: Vozes, 1987.]
SS	*Histoire de la sexualité III. Le Souci de soi*. Paris: Gallimard, 1984. [Ed. bras.: *História da sexualidade 3*: o cuidado de si. Rio de Janeiro: Edições Graal, 1985.]
UP	*Histoire de la sexualité II. L'Usage des plaisirs*. Paris: Gallimard, 1984. [Ed. bras.: *História da sexualidade 2*: o uso dos prazeres. Rio de Janeiro: Edições Graal, 1984.]
VS	*Histoire de la sexualité I. La Volonté de savoir*. Paris: Gallimard, 1976. [Ed. bras.: *História da sexualidade 1*: a vontade de saber. Rio de Janeiro: Edições Graal, 1988.]

INTRODUÇÃO

> vocês verão meu corpo atual
> despedaçar-se
> e recompor-se
> sob dez mil aspectos
> notórios
> um novo corpo[1]

O corpo é, na obra de Foucault, um protagonista inevitável e multiforme: cadáver aberto sobre a mesa de autópsia de Bichat, corpo esquartejado de Damiens, corpo dócil do operário disciplinado e conectado à máquina, corpo parresiástico, corpo ultrajado, corpo desordenado, do cínico em praça pública... No entanto, tal presença foi negligenciada pelos comentadores da obra.[2] O papel que os corpos

---

1 Artaud, trecho de "Post-Scriptum" a *Le Théâtre de la cruauté*, in *OEuvres complètes*, t.XIII, p.118.

2 Entre as raras exceções, destacamos os artigos de Potte-Bonneville ("Les corps de Michel Foucault", *Cahiers philosophiques*, 2012-2013, n.130, p.72-94) e Bert ("La contribution foucaldienne à une historicisation du corps", *Corps: "comment écrire le corps"*, 2006, n.1, p.53-61, e "Rationalisation et histoire des corps dans le parcours de Michel Foucault", in *Les Sphères du penal avec Michel Foucault*). O livro de Courtine (*Déchiffrer les corps. Penser avec Foucault*) pretende, na verdade, retomar e utilizar as problematizações do corpo na obra de Foucault, em vez de examiná-las diretamente. Pode-se citar também os trabalhos de Judith Butler, aos quais retornaremos, e em particular os seguintes artigos, interessantes porém tendenciosos: "Foucault and the paradox of bodily inscription", *The Journal of Philosophy*, nov. 1989, v.86, n.11, p.601-7; "Reconsidérer 'les corps et les plaisirs'" [1999] e "Retour sur les corps et le pouvoir" [2001], *Incidence*, 2008-2009, n.4-5, p.91-102 e 103-16.

desempenham no pensamento de Foucault – sua dimensão teórica e prática, sua potência estética e política, sua capacidade de transformar a história – foi consideravelmente esquecido. Via de regra, contentamo-nos com referências longínquas à "materialidade do poder", à "biopolítica", ou às "práticas de subjetivação". Ora, a retomada desses focos de questionamento parece ainda mais urgente, visto que atualmente são travadas inúmeras batalhas (as problemáticas de gênero ou os debates bioéticos, por exemplo), bem como efetuadas diversas *políticas dos corpos*.

O presente livro busca responder ao desafio de resgatar, em toda sua extensão e intensidade, a questão do corpo em Foucault. Não pretendemos a exaustividade. Procuramos, aqui, apresentar as problematizações decisivas de um questionamento acerca do corpo, questionamento *desde sempre presente*: o corpo objetificado pela medicina, o corpo dócil dos sistemas disciplinares, a carne sujeita à injunção de confessar a verdade de seu desejo, o corpo indefinível do hermafrodita, o corpo exemplar do sábio etc.

Corpos plurais, corpos individualizados. Corpos dilacerados, corpos utópicos. Submissos ou relutantes. Não há um conceito ou uma verdade do corpo, mas uma panóplia, um mosaico de corpos atravessados pela história ou produzindo história. A realidade dos corpos é a de uma materialidade proteiforme, mas singularizante, de uma historicidade anônima, porém inventiva, continuamente em luta contra a dominação do abstrato e do universal. O corpo é aquilo que perpetuamente ultrapassa o sujeito em suas capacidades de síntese organizada. Ele é o disparate da alma, sua evasão.

Mais do que buscar uma verdade única do corpo, Foucault dedica-se a pensar a profusão dos *corpos da verdade*: como a verdade materializa-se nos corpos, mas também como os corpos a falsificam ao desejar investigá-la, a contestam ao desejar encarná-la, a multiplicam ao desejar aferi-la. O que interessa a Foucault não é nem o corpo como objeto de um discurso de verdade (problema do positivismo científico), nem o corpo como sujeito oriundo de uma verdadeira relação com o mundo (problema da fenomenologia). O que o interessa é um corpo trabalhado, atravessado, complicado pela verdade.

Mas quer seja ele desdobrado por uma linguagem anônima, quer seja escandalosamente exposto por um agressivo dizer verdadeiro, o corpo sempre exalta a resistência obstinada, caricata e alegre da imanência. É através dela que Foucault consegue formular sua ontologia da verdade: antissubstancialista, antiteleológica, não pragmática, intrinsecamente rebelde.

A OBSERVAÇÃO DOS CORPOS

Arqueologia do corpo

Ao evocarmos o trabalho teórico realizado por Foucault durante os anos 1960, a importância do corpo não se mostra evidente. Além do mais, costuma-se considerar seu advento como o testemunho da passagem de uma arqueologia das ciências humanas a uma genealogia dos poderes: Foucault teria começado a examinar o corpo ao analisar o poder. No entanto, sua presença é imprescindível na crítica das ciências humanas.[1] Sobretudo, ele encontra-se justamente no cerne de seu livro sobre a medicina, *O nascimento da clínica: uma arqueologia do olhar médico*.

A obra de 1963 traça, na verdade, uma dupla linha de historicidade: por um lado, historicidade dos contornos que estruturam o campo da visibilidade e a partilha do visível/invisível na medicina; por outro, historicidade do próprio corpo, objeto desse olhar. Pode-se ressaltar que o próprio título da obra (*O nascimento da clínica*) foi capaz, por si só, de representar uma provocação, um desafio lançado não apenas aos historiadores da medicina, mas também aos filósofos ou a outros especialistas das ciências humanas. Propor-se a descrever a emergência histórica da clínica significa instalar-se, de imediato, em uma antifenomenologia da percepção médica. "O espaço no qual se cruzam os corpos e os olhares" (*NC*, p.7) não depende de nenhuma configuração originária, da qual seria preciso tão somente reaver a inesgotável, porém esquecida, fecundidade.

---

1 Ver Potte-Bonneville, "Les corps de Michel Foucault".

14 ARIANNA SFORZINI

Foucault abandona o mito segundo o qual a medicina teria encontrado a forma de sua positividade por volta do século XIX, ao reconciliar-se com a simplicidade exordial de um olhar puro: ao favorecer, enfim, a observação dos corpos em detrimento da formulação de teorias abstratas. A clínica é, na verdade, a invenção de um olhar munido de uma linguagem histórica, a emergência de uma dobra específica que permite dizer aquilo que é visto.

A aposta primordial do texto de Foucault reside nessa historicização da percepção, de seus objetos e do discurso que os articula. Esse gesto fundamental possibilita um novo domínio de pesquisas: o estudo dos transcendentais históricos. A história do olhar médico, segundo os termos de Foucault, efetua um método original,[2] capaz de libertar as formações históricas do saber, sem pressupor, jamais, verdades eternas.[3] Foucault pretende encontrar condições de possibilidade de nossa modernidade ali onde as narrativas clássicas jamais as tinham procurado:[4] na superfície dos cadáveres abertos sobre a mesa de autópsia.

O nascimento da clínica realiza uma história do corpo medicalizado, partindo da inversão de uma evidência moderna: a da

---

2 "O livro que se acaba de ler é, dentre outras coisas, o ensaio de um método no domínio tão confuso, tão pouco e tão mal estruturado da história das ideias" (*NC*, p.269).

3 "Caso se suponha que a doença seja, ao mesmo tempo, a desordem, a perigosa alteridade no corpo humano e até mesmo no âmago da vida, mas também um fenômeno de natureza que possui suas regularidades, suas semelhanças e seus tipos – percebe-se que lugar uma arqueologia do olhar médico poderia ocupar. Da experiência-limite do Outro às formas constitutivas do saber médico, e destas à ordem das coisas e ao pensamento do Mesmo, o que se oferece à análise arqueológica é todo o saber clássico, ou melhor, esse limiar que nos separa do pensamento clássico e constitui nossa modernidade. Em tal limiar manifestou-se pela primeira vez essa estranha figura do saber que se denomina homem, e que concebeu um espaço próprio às ciências humanas. Ao tentar uma vez mais revelar esse profundo desnível da cultura ocidental, é a nosso solo silencioso e ingenuamente imóvel que restituímos suas rupturas, sua instabilidade, suas falhas; e é ele que novamente se inquieta sob nossos passos" (*MC*, p.15-6).

4 Ver a excelente introdução de A. Fontana à edição italiana de *O nascimento da clínica*: Foucault, *Nascita della clinica*, p.VII-XXXV.

MICHEL FOUCAULT 15

justaposição do corpo da doença e do corpo do doente. De fato, a clínica moderna imediatamente pressupõe "a exata coincidência do 'corpo' da doença e do corpo do homem doente" (NC, p.19), a correspondência entre dinâmicas mórbidas e regiões nos volumes e espessuras dos corpos. Ora, tal coincidência, longe de constituir o pressuposto eterno da medicina, é de invenção recente.[5] Na verdade, a "ordem do corpo sólido e visível é [...] apenas uma das maneiras que a medicina dispõe para espacializar a doença" (NC, p.19).

É possível, então, ilustrar "diferentes corpos" reunidos por variados paradigmas do saber médico. No começo da Idade Moderna, entre os séculos XVIII e XIX, Foucault distingue pelo menos quatro configurações da medicina: a medicina das espécies; a medicina das epidemias; a clínica "analítica" de Cabanis; e, por fim, a anatomoclínica, que liberta a potência heurística da autópsia e o poder de revelação dos cadáveres. Cada uma delas descreve adequadamente um corpo doente, mas esse corpo se desdobra, sob o olhar, segundo estruturações irredutíveis: há o corpo-tela da medicina das espécies, que simultaneamente dissimula e desvela a essência ideal da doença; o corpo-série das epidemias, que constitui uma entidade médica histórica e geograficamente singular; o corpo eloquente da clínica analítica, revelando exaustivamente tudo o que pode ser dito acerca dele; e, finalmente, o corpo-invólucro da anatomopatologia, que encerra em suas massas e profundidades a verdade do mal.

Esses quatro corpos formam dois conjuntos coerentes. Com efeito, é possível reagrupar, de um lado, a medicina das espécies e a das epidemias, e, de outro, as medicinas clínicas analítica e anatômica, não porque os elementos que compõem cada série seriam intrinsecamente aparentados (pelo contrário, eles possuem um estatuto teórico e histórico bem diferente), mas porque suas consequências são as mesmas: a medicina das espécies e a das epidemias

---

5 "Nem a medicina árabe, nem a da Idade Média, nem mesmo a medicina pós--cartesiana admitiam a distinção entre as doenças do corpo e as do espírito; cada forma patológica apreendia o homem em sua totalidade", Foucault, *Maladie mentale et psychologie*, p.94.

16 ARIANNA SFORZINI

negam ao corpo individual uma potência de expressar a verdade, ao passo que as duas medicinas clínicas conectam a doença ao próprio corpo.

No século XVIII, a medicina apresenta-se essencialmente como uma arte da classificação. Trata-se, para o médico, de apoiar-se no corpo enfermo, utilizando-se dos sintomas visíveis, a fim de desvendar as essências patológicas com o auxílio de um quadro taxonômico que ele detém diante de si, e que lhe permite compreender o parentesco, os vínculos, as analogias e as diferenças entre as formas mórbidas. A doença jamais se confunde com "seu trajeto visível no corpo humano" (*NC*, p.21). Ela desdobra-se em um espaço outro, no qual os elementos patológicos são inteligíveis e classificáveis – um verdadeiro "jardim botânico" das espécies. Tal espaço traça um campo homogêneo, plano, analógico, sem profundidade, no qual as especificidades individuais são dissolvidas, visto que aí reina, de modo indiviso, a abstração das essências patológicas. A singularidade do doente e até mesmo do seu médico, a constituição de ambos, idade, formação, modo de vida etc., constituem diversos acidentes capazes de perturbar a idealidade pura da doença e aos quais o olhar do nosógrafo deverá precisamente se impor.

O corpo certamente permanece no cerne do saber médico das espécies, porém de modo problemático. O espaço sem espessura das espécies patológicas deve, necessariamente, *efetuar-se* na materialidade corporal dos indivíduos doentes. O corpo manifesta, engendra a doença: só através dele é possível conhecê-la e tratá-la. No entanto, essa articulação entre a banalidade atemporal da doença-quadro e a massa viva do corpo não é percebida como causalidade mecânica. Trata-se, na verdade, de uma inter-relação *qualitativa*: uma "comunicação simpática" (*NC*, p.29), repetindo a velha história das teorias das simpatias e dos humores na medicina. Os pontos de junção entre a doença ideal e o organismo concreto (algumas partes do corpo suportarão os sintomas) constituem diversos efeitos em segmentos corporais determinados, diversas qualidades patológicas essenciais. O cérebro dos maníacos, por exemplo, é leve, seco, quebradiço, uma vez que a própria mania é uma doença ardente, viva,

MICHEL FOUCAULT **17**

agitada; já o dos tísicos é esgotado e inerte, visto que a tuberculose é tida como uma forma de hemorragia.

O grande mito do corpo-máquina do século XVII será expandido, com a medicina do século XVIII, por meio de uma "física das qualidades". Os corpos e as doenças desdobram-se em dois espaços independentes, que não coincidem, mas que dialogam ao permutarem qualidades. Sobre o corpo doente desenha-se uma cartografia dos pontos de transmissão, sistemas de relação e de difusão, correspondências funcionais com a doença. O corpo da medicina das espécies é um *corpo-tela*: ele é esse instrumento de visibilidade e inteligibilidade das espécies ideais das doenças. Mas, no mesmo movimento em que ele as torna perceptíveis, também as esconde sob os acidentes de sua natureza contingente. Por conseguinte, a medicina dessa época efetua um movimento paradoxal sobre os corpos: ela deve apoiar-se neles a fim de conseguir isolá-los de modo mais satisfatório. Tela que dissimula e tela que faz ver.

Na medicina das epidemias do século XVIII efetua-se um isolamento similar do corpo enfermo do indivíduo. Primeiro esboço de uma "medicina do espaço social" (*NC*, p.63), ela reflete a exigência de uma avaliação histórica e geográfica da doença como algo que afeta uma população. A medicina das espécies, com seus grandes quadros abstratos, não permite efetivamente compreender a especificidade espaçotemporal de determinados fenômenos patológicos, em particular as epidemias cujo desencadeamento depende de circunstâncias precisas: um local, um momento, uma estação, um clima. A epidemia é uma doença que jamais se repete de modo idêntico, e acomete o conjunto dos indivíduos em um dado território. Ela exige, na elaboração de seu tratamento, uma estruturação coletiva do olhar médico: necessidade de inquéritos estatísticos, de controles sistemáticos, relativização serial da doença. Mas a epidemia, ainda que refletida em sua singularidade histórica, permanece uma espécie patológica. O que se modifica é apenas a forma prática de sua descrição. Passa-se de um estudo qualitativo das analogias através do corpo individual enfermo a uma análise fundamental de uma série de fenômenos patológicos em uma determinada população.

18 ARIANNA SFORZINI

No âmago dessa segunda experiência médica encontra-se a ideia de "constituição": um conjunto de fatos que determina a emergência e a forma da epidemia (solos, clima, estações etc.). Os corpos das vítimas do flagelo jamais passam de *casos*, múltiplos *elementos de uma série*. Eles constituem o objeto de um registro contínuo, quantitativo, massivo, que busca delimitar um fenômeno epidêmico ao mesmo tempo singular e global.

A medicina das epidemias permite, contudo, a formulação de novas exigências: observações regulares, um contato cotidiano com a doença, uma formação prática dos médicos, que deverá ser realizada longe da faculdade e de suas lições teóricas, diretamente no hospital para o qual são transportados os doentes. Apesar disso, essa aproximação do médico e da doença não é capaz de provocar o surgimento da "clínica", assim como estrutura alguma é capaz de relacionar sistematicamente aquilo que é dito e aquilo que é visto. "O *Visível* não era *Dizível*, nem *Ensinável*" (*NC*, p.80). O médico ainda justapõe, de modo árduo, elementos de experiência e teorias abstratas, elaborados separadamente.

O homem refletido no cadáver: os corpos da clínica

A grande transformação do campo da experiência médica realiza-se, segundo Foucault, com a Revolução e as reformas que ela provocará na pedagogia médica. Aí então a clínica será efetivamente o emblema de uma nova estruturação do saber médico. Se o problema da medicina do século XVIII tinha sido a impossibilidade de relacionar, em uma prática unitária, a teoria ensinada e a observação concreta dos casos, os projetos de reforma do ensino do final desse período e do início do século XIX buscam, ao contrário, delegar todos os poderes do saber médico unicamente ao olhar e à prática no recinto dos hospitais. É aí que o corpo se põe a *falar* pela primeira vez, por si próprio, e a falar exatamente enquanto espaço de visibilidade linguisticamente articulado, oferecido ao olhar do médico.

MICHEL FOUCAULT   19

O "nascimento da clínica" supõe esse repatriamento dos valores significativos da doença no corpo individual.

Em um primeiro momento – no interior de uma forma inicial de medicina clínica considerada por Foucault como a constituição da prática médica, empreendida pelos Ideólogos[6] e pela análise de Condillac,[7] e que pode ser considerada uma medicina "analítica" –, o corpo doente é concebido como um *corpo eloquente*. Pressupõe-se uma perfeita coincidência do visível e do dizível, uma pura, verborrágica e significante transparência da doença ao olhar desenvolvido. Já não há uma essência escondida da doença, essência da qual os corpos seriam a máscara. Todo sintoma corporal é um signo da enfermidade, como uma palavra em uma frase: o olhar clínico, conhecedor da gramática natural, lê diretamente nos corpos o livro da doença. Descrever os corpos é, portanto, "ver e saber ao mesmo tempo" (*NC*, p.163). O corpo já não se apresenta como tela. Por um curto e feliz período na história da medicina, ele terá sido a inscrição em superfície de sua própria verdade e da verdade da doença. Ao descrever tal utopia do corpo transparente, Foucault, irônica e secretamente, faz seu acerto de contas com a fenomenologia: a correspondência originária do dizível e do visível é denunciada como uma quimera do final do século XVIII, uma miragem que logo será dissipada por uma nova reestruturação da percepção. O corpo, então, tornar-se-á novamente uma opacidade paradoxal.

Foucault atinge, assim, o segundo momento da história da clínica moderna, passagem capital, visto que nossa experiência atual ainda depende consideravelmente dela: a clínica anatomopatológica, a verdade médica desenvolvida a partir do corpo-cadáver, do corpo enrugado. Como já observado, a história da clínica como prática de uma medicina no leito do doente não se encontra justaposta à da anatomia. Durante séculos, a clínica permanece alheia a essa investigação

---

6 Ver as obras do médico Cabanis, em particular: *Observations sur les hôpitaux; Du degré de certitude de la médecine; Coup d'oeil sur les révolutions et sur la reforme de la médecine*.

7 Ver Condillac, *Essai sur l'origine des connaissances humaines*.

20 ARIANNA SFORZINI

dos corpos inanimados. Conectar a clínica à densa geografia dos corpos implica uma reorganização radical do campo do saber, que Foucault remonta ao século XIX, a Bichat[8] e à sua descoberta de "um princípio de decodificação do espaço corporal que é de uma só vez intraorgânico, interorgânico e transorgânico" (*NC*, p.179).

Agora, o elemento determinante será o tecido. Através do elemento tissular (os órgãos que ele constitui, suas lesões patológicas, os focos e contornos das lesões), é possível realizar uma leitura unitária e sistemática do corpo em uma dimensão ao mesmo tempo horizontal e diagonal. O corpo permanece, por certo, o objeto de um olhar de superfície, porém uma superfície paradoxal, "densa", escalonada. O olhar clínico também atravessa o corpo diagonalmente, pois o tecido analisado, observado e descrito permite diagnosticar a doença por meio das relações, semelhanças, parentescos de estrutura entre diferentes membranas plissadas na profundidade dos corpos.

A clínica torna-se, assim, a análise de um novo espaço concreta e geograficamente estratificado: "espaço tangível do corpo, [...] massa opaca na qual se ocultam segredos, invisíveis lesões e o próprio mistério das origens" (*NC*, p.174). Com a clínica emerge o corpo de nossa modernidade científica, um corpo medicamente estruturado.[9] E a doença já não será uma essência ou uma espécie patológica, nem uma singularidade histórica distinguindo-se através das séries estatísticas de fenômenos. Como escreve Foucault, a doença apreendida pela clínica "é o próprio corpo tornando-se doente" (*NC*, p.191). A doença adquiriu seu volume na espessura opaca dos tecidos e dos órgãos.

A leitura desse corpo exige um olhar médico mais complexo que o dos clínicos ideólogos do final do século XVIII. A relação de transparência signo-sintoma se rompeu. É necessário literalmente *extrair* do corpo a verdade da doença. Compreende-se então a importância do retalhamento dos cadáveres. Aliás, uma figura operacional

---

8 Ver particularmente Bichat, *Traité des membranes en général et de diverses membranes en particulier; Anatomie générale appliquée à la physiologie et à la médecine; Anatomie pathologique.*

9 Ver *NC*, p.62.

MICHEL FOUCAULT 21

semelhante rege o exame dos corpos vivos: é preciso delimitar volumes, reconduzi-los à superfície através de um olhar que não apenas vê, mas que também toca e escuta (a invenção do estetoscópio ocorre nessa época). A estrutura perceptiva e epistemológica da clínica moderna é a da "*invisível visibilidade*" (*NC*, p. 231). O corpo tornou-se o *corpo-invólucro* de uma verdade dissimulada em sua massa e suas dobras, verdade que o saber médico deve saber desembaraçar até o ponto do desvelamento total que permite a elucidação da morte. Pois a vida dissimula, ao passo que a morte restitui, em sua transparência, o núcleo de verdade da doença. Foucault menciona o "cofre negro dos corpos" (*NC*, p.231), cofre que, quando aberto, revela a verdade do doente. A partir de então, a morte paradoxalmente se torna o instrumento que permite um saber positivo da vida e do corpo. A verdade da vida torna-se plenamente inteligível no momento da morte. Abrir um cadáver significa ler a verdade da doença e da vida na densidade espessa do corpo. À luz da morte, escreve Foucault, "a doença manifesta-se em um espaço que coincide com o do organismo" (*NC*, p.221).

Ora, esse corpo revelado pela clínica é, evidentemente, o do indivíduo. A linguagem médica da modernidade já não se empenha em repelir, mas em dizer, em mostrar a especificidade de uma patologia, que também é a de um corpo individual. Mas o desvelamento exaustivo da verdade concernente a cada indivíduo poderá efetuar-se quando de sua redução ao estado de cadáver. É a síntese da verdade e da morte que torna possível uma ciência do indivíduo, decretada impossível por Aristóteles. O mórbido – a forma extenuada da vida, a morte na própria existência – torna-se, no século XIX, o núcleo lírico do homem, a instância de verificação de sua individualidade.

Foucault poderá então propor, para concluir, uma interpretação inédita do nascimento das ciências do homem, fundamentando-se na análise dessa experiência médica que organiza sua positividade a partir do cadáver. A medicina clínica libera a possibilidade de um conhecimento positivo do homem sobre si mesmo, a partir de sua finitude. O saber acerca do indivíduo constitui-se no instante em que se considera como fonte de verdade o vazio de sua negatividade, a limitação opaca de seu corpo, a franca possibilidade de seu desaparecimento. Foucault brinca, aqui, com a ambiguidade de valor do corpo-cadáver: de um lado, a morte como instância de desdobramento da verdade da vida e da doença; do outro, a mortalidade como finitude que torna as ciências humanas possíveis – os dois aspectos engendrando essa estrutura antropológica que, do seu ponto de vista, está na base do saber científico e filosófico dos séculos XIX e XX. No entanto, para além desses deslocamentos semânticos (o indivíduo, a finitude, a corporeidade, a morte), a problemática do corpo medicalizado permanece uma peça essencial da arqueologia foucaultiana. Ela questiona as condições de um saber do qual o homem é ao mesmo tempo sujeito e objeto: enquanto sujeitos, só fomos capazes de nos tornar objetos de um saber científico ante o esplendor da morte, iluminados pelo pálido brilho de um cadáver.

O nascimento da clínica situa Foucault na contramão dos dois grandes discursos acerca do corpo, discursos dos quais ele é contemporâneo: o positivismo científico reducionista (o corpo-objeto) e a fenomenologia do corpo vivido (o corpo-sujeito). O corpo não é o objeto absoluto da ciência positivista, que a medicina poderia ter conhecido antes, caso estivesse apta a se desfazer dos preconceitos metafísicos, religiosos e sociais de seu tempo; tampouco é o corpo próprio que a fenomenologia restituiria à sua potência significativa original. A fenomenologia certamente tem razão em sustentar que o corpo é outra coisa além de um dado objetivo, uma positividade oferecida a um olhar científico, e que ele, antes de reduzir-se novamente a suas determinações, expressa condições de existência. Essas condições, contudo, não nos comunicam nossa presença originária no mundo, mas nossa vinculação à história.

Na verdade, Foucault considera que a fenomenologia (a de Merleau-Ponty,[10] por exemplo) não passa do avesso desse positivismo que ela desejava superar. É a dobra final dessa operação que fundará nosso olhar moderno, inaugurado com a prática anatomoclínica moderna. Tal dobra consiste em buscar a forma da relação do

---

10 Merleau-Ponty, *Phénoménologie de la perception*.

MICHEL FOUCAULT 23

homem com a verdade na "organização da objetividade a partir dos valores do signo, na estrutura secretamente linguística do dado, no caráter constitutivo da espacialidade corporal" (*NC*, p.274). A fenomenologia não escapa do "estranho duplo empírico-transcendental" (*MC*, p.329), característico do saber moderno: o sentido do mundo é sempre aquele que o homem, enraizado em seu corpo, lhe atribui.

As palavras e as coisas aprofundará a importância do corpo na configuração de saber de uma modernidade designada como "antropológica". O homem torna-se, por conta própria, o objeto de um conhecimento positivo ao emaranhar três dimensões de sua finitude, três dobras: a linguagem, o desejo, a vida. Ora, o modo de ser do vivente ancora-se na espacialidade do corpo como forma constitutiva de experiência. "À experiência do homem é dado um corpo que é seu corpo – fragmento de espaço ambíguo cuja espacialidade própria e irredutível articula-se, entretanto, com o espaço das coisas" (*MC*, p.325). A aparição de um saber do homem sobre si implica uma análise desse espaço limitado e primordial do corpo, suscitando um tipo de "estética transcendental" constituída pelo "estudo da percepção, dos mecanismos sensoriais, dos esquemas neuromotores, da articulação comum às coisas e ao organismo" (*MC*, p.330). O homem descobre em si uma capacidade de conhecimento ao mesmo tempo natural e empírica, um conhecimento cujos *a priori* epistêmicos se sobrepõem às próprias formas de seu engajamento corporal.[11]

O nascimento da clínica já havia desconcertado essa analítica da finitude corporal ao mostrar que a análise do vivido, da consciência íntima ou da profundeza do corpo possui suas raízes não nas formas transcendentais de um ser-no-mundo, mas em uma configuração histórica precisa, contemporânea do surgimento da medicina clínica. Dessa maneira, a medicina moderna, rainha das ciências humanas,

---

11 "Sem dúvida, no nível das aparências, a modernidade começa quando o ser humano se põe a existir no interior de seu organismo, na concha de sua cabeça, na armadura de seus membros, e em meio a toda a nervura de sua fisiologia" (*MC*, p.328).

24 ARIANNA SFORZINI

promove "de pleno direito o estatuto filosófico do homem" (*NC*, p.273). As ciências do homem e a filosofia da finitude permanecem dependentes do comando de Bichat: "Abram alguns cadáveres" (*NC*, p.206).

A busca por um corpo da loucura

A revolução anatomoclínica oferece a Foucault um primeiro modelo fundamental para pensar o corpo: um corpo medicalizado, objetificado, individualizado. Este já arcaico modelo não se encontrava, porém, totalmente ultrapassado, e era possível descrever os seus efeitos políticos contemporâneos.[12] É, no entanto, uma outra experiência (a loucura) que conduzirá a uma reelaboração da problematização clínica do corpo. Em seu curso sobre *O poder psiquiátrico*, Foucault salienta que a dificuldade para que a psiquiatria se constituísse de pleno direito enquanto ciência médica estava relacionada a essa questão do corpo. A psiquiatria é, por certo, "uma medicina na qual *o corpo encontra-se ausente*" (*PP*, p.268; grifo nosso). Em outras palavras, é uma medicina paradoxal, visto que o paradigma anatomopatológico equipara, precisamente, o corpo da doença ao corpo do doente. Como é possível expressar a verdade

---

12 Em 1974, Foucault define retrospectivamente *O nascimento da clínica* como um livro político (Foucault, "Prisons et asiles dans le mécanisme du pouvoir", *DE I*, texto n.136, p.1392). De fato, a modernidade também se caracteriza por uma medicalização da vida individual e social. Na primeira das seis conferências realizadas em outubro de 1974, no Instituto de Medicina Social da Universidade do Estado do Rio de Janeiro, Foucault afirmará que os anos 1940 e 1950 constituem uma reviravolta fundamental na história dos corpos. Trata-se da realização daquilo que era preparado desde o século XVIII, desde a afirmação da anatomoclínica como paradigma das ciências do homem: uma verdadeira "somatocracia", "o nascimento desse novo direito, dessa nova moral, dessa nova política e dessa nova economia do corpo" para as quais "uma das finalidades da intervenção estatal é o cuidado do corpo, a saúde corporal, a relação entre as doenças e a saúde etc." (Foucault, "Crise de la médecine ou crise de l'antimédecine?", *DE II*, texto n.170, p.42-3).

MICHEL FOUCAULT 25

da doença mental se esta não apresenta lesões ou degenerações fisiológicas detectáveis, se ela não se encontra *inscrita em um corpo?* A tentativa de medicalizar a loucura parece destinada ao fracasso, caso esta não se materialize.

A história da psiquiatria moderna pode ser lida, portanto, como a história dos esforços para implantar a loucura em corpos, engendrar corpos de substituição (o da família do alienado, do próprio alienista etc.): se a loucura é uma doença, é necessário que ela possua um corpo. No século XIX, a medicina e a psiquiatria ainda dependem de dois regimes diferentes de verdade. A medicina pressupõe, como vimos, um dispositivo de verdade no qual a doença deve poder ser objetivamente lida no corpo do doente, através de um diagnóstico diferencial de sintomas que atestam lesões orgânicas específicas. O médico já não é, como nos tempos de Hipócrates, aquele que espreita os episódios de crise a fim de capturar uma verdade rara, dissociada da patologia, e travar com ela uma luta decisiva. O diagnóstico médico extrai cientificamente a verdade mórbida por meio de um exame do corpo. Ele a isola, já não a enfrenta em um confronto no qual se insinuaria em uma batalha "da Natureza e do Mal, combate do corpo contra a substância patogênica" (*PP*, p.242). A clínica moderna livrou-se, então, dessa "matriz jurídico-política" (*PP*, p.244) da prática médica como arte estratégica, disputa e arbitragem das forças naturais. Ela transforma a medicina em uma ciência da constatação.

Ora, a psiquiatria permanece, em pleno século XIX, consideravelmente prisioneira desse antigo paradigma da crise, que havia sido superado pela medicina moderna. Nos asilos, o alienista organiza provas, conduz batalhas a fim de provocar o *acontecimento* da verdade da doença mental. É que a ausência de um corpo da loucura significa a impossibilidade de um diagnóstico diferencial na psiquiatria. A construção de um diagnóstico absoluto (estabelecer simplesmente *se determinada pessoa é ou não alienada*) atrasa o horizonte médico, forçando o alienista a desencadear uma decisiva "crise de realidade" da loucura. A fim de tornar-se "moderna" (a esperança levantada por Bayle e seu estudo da paralisia geral, no intuito de determinar lesões

26 ARIANNA SFORZINI

encefálicas específicas da loucura, foi de curta duração),[13] a psiquiatria deverá então materializar, concretizar um corpo da loucura que seja tão palpável e tangível quanto as espessas membranas do cadáver. Ela engendra assim alguns sucedâneos, substitutos de corpos convocados a suprir a ausência de lesões detectáveis.

De acordo com Foucault, inicialmente havia o corpo hereditário, tecido através da história familiar cuja explanação é requerida ao doente ou à sua família. Por meio dessas intermináveis questões acerca do parentesco e dos ancestrais, o ritual do interrogatório serve somente para provocar o surgimento do corpo coletivo da família degenerada, suporte flutuante da doença mental, que terá por função ser o equivalente metaindividual do corpo enfermo. O corpo hereditário, desdobrado pelo relato familiar, é então esse "grande corpo fantasmático [...] um tipo de substrato metaorgânico, mas que constitui o verdadeiro corpo da doença" (*PP*, p.273). Ou, então, será o próprio psiquiatra que tentará suprir essa ausência ao emprestar seu respectivo corpo ao jogo da loucura. É nesse sentido que Foucault interpreta as experiências realizadas por Moreau de Tours,[14] intoxicando-se com haxixe a fim de atingir, em primeira pessoa, o corpo da loucura. A determinação de estágios da doença mental (hipertrofia da sensibilidade, alucinações, excitação maníaca) é feita a partir de experimentações que permitem ao alienista sentir o corpo da loucura a partir de seu próprio corpo, visto que não é possível apreender os sintomas objetivos no alienado.

Dito isto, a massiva introdução das práticas hipnóticas[15] no domínio médico, por volta dos anos 1840-1860, suscita novas esperanças.

---

13 As pesquisas de Bayle no Salpêtrière, no início do século XIX, dedicam-se a determinar o foco e a causa anatomofisiológica (as membranas do cérebro) das alienações mentais. Ver Bayle, *Traité des maladies du cerveau et de ses membranes*.

14 Moreau de Tours estudará os efeitos do haxixe por ocasião de uma viagem ao Oriente, de 1837 a 1840. Ele dedicará suas pesquisas às relações entre opiáceos, loucura e sonho, recomendando o uso do haxixe na terapia das doenças mentais. Ver *Du hachisch et de l'aliénation mentale. Études psychologiques*.

15 Foi sobretudo graças à obra de James Braid, cirurgião escocês, que o hipnotismo obteve reconhecimento como técnica científica e se estabeleceu na prática médica. Ver Braid, *Neurypnologie. Traité du sommeil nerveaux ou hypnotisme*.

MICHEL FOUCAULT 27

Tais técnicas provocarão, na verdade, uma captura do corpo, na qual já não se trata de determinar lesões (inacessíveis no que diz respeito à loucura), mas de detectar desordens de funcionamento. O corpo hipnotizado é um corpo completamente capturado. O médico apodera-se de seus sintomas, de seu comportamento, de suas reações fisiológicas e psíquicas: ele pode alterar sua sensibilidade, excitar os nervos e os músculos, e até mesmo intervir nas funções automáticas, como a respiração. O alienista "irá, enfim, aferrar-se a este corpo, que lhe escapava desde o instante em que se descobriu que a anatomia patológica jamais seria capaz de apreender [...] os mecanismos da loucura" (*PP*, p.289). Ao mesmo tempo, Charcot aperfeiçoa técnicas específicas (solicita-se ao paciente a execução de determinado gesto, a adoção de determinada postura), a fim de provocar o surgimento de perturbações do sistema nervoso. Por sua vez, Duchenne de Boulogne propaga minúsculas descargas elétricas[16] através de eletrodos aplicados na face e observa as respostas dos músculos. Nascimento do *corpo neurológico*: um corpo no qual estimulações diferenciadas desencadeiam movimentos involuntários, não intencionais, objetivos. Pela primeira vez, "o corpo do doente, em seu aspecto funcional, por assim dizer, estará [...] ao alcance do psiquiatra" (*PP*, p.289). Charcot então adaptará esse protocolo de pesquisa às histéricas do Salpêtrière. Mas ele não desejará escutar seus relatos: é a seus corpos que ele demandará respostas, tocando-os, coagindo-os, impondo-lhes posturas. Esse corpo a corpo, que deveria conduzir a loucura ao esplendor da cientificidade médica, provocaria na verdade uma surda batalha, da qual as histéricas sairão triunfantes. Elas colocarão seus corpos a serviço da ciência neurológica, com o intuito de seduzi-la. Mas isso é uma outra história, que precisará ser retomada quando falarmos dos corpos em resistência.

---

16 Ver Duchenne, *De l'électrisation localisée et de son application à la physiologie, à la pathologie, et à la thérapeutique; Mécanisme de la physionomie humaine, ou Analyse électro-physiologique de l'expresssion des passions.*

Genealogia, proveniências: os corpos da história

O nascimento da clínica e *O poder psiquiátrico* estabelecem, portanto, várias descrições de uma história do corpo na prática médica. O corpo medicalizado é repleto de história. Mas como é possível escrever uma história do corpo? Trata-se apenas de uma história dos discursos científicos acerca do corpo? Ou a arqueologia da medicina pressupõe uma historicização do próprio corpo, atravessado e reconfigurado pela história das verdades e das estruturas de objetivação? No início dos anos 1970, Foucault situará o corpo no centro de uma história genealógica dos saberes e poderes, ao redefinir, com a ajuda de Nietzsche, os princípios de sua pesquisa.

Para Foucault, a genealogia nietzschiana retoma a história concreta das práticas e dos corpos, a fim de desconstruir as metafísicas da própria história. No texto de 1971, *Nietzsche, a genealogia e a história*, Foucault defende que esta última deve se libertar de qualquer pretensão teleológica e renunciar à busca por uma origem singular e esquecida (*Ursprung*). Não há nenhuma essência estável e eterna preexistente. O próprio princípio de uma natureza humana perpetuamente idêntica contrapõe-se às possibilidades do devir. Historicizado, o corpo deve aparecer como "capturado em uma série de regimes que o constituem; ele está acostumado a ritmos de trabalho, de repouso e de festas; ele é intoxicado por venenos – alimentos ou valores, conjunto de hábitos alimentares e leis morais; ele constrói para si resistências" (*NGH*, p. 1015). Nada escapa à história, nem mesmo a fisiologia dos corpos. Desse modo, o projeto de escrever uma história dos corpos encontra-se legitimado por uma pesquisa que evita, ao mesmo tempo, os universais transcendentes e abstratos (conceitos imutáveis), e a imanência eterna e fixa (realidade preexistente).

Ao corpo corresponde, segundo Foucault, uma das duas noções (*Herkunft* e *Entstehung*, proveniência e emergência) que Nietzsche opõe à busca da *Ursprung* metafísica. Nos corpos se enraízam, efetivamente, as *proveniências*: a trama complexa de acidentes e acontecimentos que determinam, para nós, aquilo que existe e possui valor.

MICHEL FOUCAULT   29

A proveniência "inscreve-se no sistema nervoso, no temperamento, no aparelho digestivo. [...] É o corpo quem traz consigo, em sua vida e em sua morte, em sua força e em sua fraqueza, a sanção de toda verdade e de todo erro" (*NGH*, p. 1010). Os fatos históricos, bem como as afirmações de valor ou os rompantes de idealidade, *provêm* · da vida concreta dos corpos, de seus mecanismos fisiopatológicos, de suas energias e de suas fragilidades. As dinâmicas da história inscrevem sua realidade e desenvolvem sua inteligibilidade através da pele, da carne, das dobras orgânicas. O corpo não é, portanto, apenas um objeto privilegiado da história: ele constitui sua ossatura teórico-prática. A história é feita do conjunto das relações e batalhas dos corpos. Ela é a vida dos corpos: "A história, com suas intensidades, suas fragilidades, seus furores secretos, suas grandes agitações febris e suas síncopes, constitui o próprio corpo do devir" (*NGH*, p. 1008). A genealogia, concebida como o desvelamento das raízes do presente, encontra-se "na articulação do corpo e da história. Ela deve mostrar o corpo completamente marcado pela história e a história arruinando o corpo" (*NGH*, p.1011).

Mas a história genealógica também constitui um instrumento crítico, um exercício de dissolução dos grandes mitos filosóficos do saber (origem pura, identidade imutável, fins racionais, verdade absoluta). E ela pode desempenhar esse papel de ruptura fundamentando-se exatamente na potência do múltiplo, do heterogêneo, do desatino dos corpos. O genealogista recorre ao relato dos corpos para conjurar as quimeras da universalidade e da necessidade, assim como o filósofo materialista se vale da medicina a fim de conjurar a utopia da alma. É necessário, portanto, aprender a reconhecer as realidades mesquinhas sob os grandes ideais, o acaso obstinado sob as grandes teleologias e, enfim, os corpos sob a vida dos conceitos. O saber histórico "dividirá nossos sentimentos; [...] dramatizará nossos instintos; [...] multiplicará nosso corpo e o oporá a si mesmo" (*NGH*, p.1011), e será capaz de desestruturar os imperativos de verdade que habitam nossa cultura.

Desse modo, não é de se espantar que Foucault pretenda definir sua própria prática teórica ao mesmo tempo como "ficção" e como

30 ARIANNA SFORZINI

"cirurgia". Trata-se de produzir, por meio da história, "diagnósticos" acerca do presente. A figura nietzschiana do filósofo-médico é reativada por Foucault através de uma prática histórico-política, que convoca a potência do bisturi e recorta as camadas de nossa modernidade, para delas extrair o coração pulsante. O historiador opera incisões nas placas de discurso, localiza linhas de ruptura e pontos problemáticos de nossos saberes e de nossas vidas. Ele destrói as evidências aceitas a fim de realçar novas perspectivas.

Em uma entrevista com Claude Bonnefoy, realizada em 1968, Foucault julga ter transferido para a sua prática de escrita da história as técnicas de cirurgia de seu pai e de seu avô. Assim como seus ancestrais, ele dedica-se continuamente a realizar diagnósticos.[17] Mas Foucault julga fazê-los "a partir da escrita, [...] nesse elemento do discurso que os médicos, habitualmente, reduzem ao silêncio".[18] Delimitar os discursos em suas existências é para ele uma forma de reencontrar, e até mesmo de agredir, por meio da escrita, a densidade, os volumes, o corpo da linguagem. "Eu transformei o bisturi em caneta", afirma Foucault, indo ainda mais longe: "A folha de papel talvez seja, para mim, o corpo dos outros".[19] A investigação dos arquivos empreendida por Foucault constitui uma forma de autópsia,[20] uma maneira de evidenciar a história dos homens e das coisas a partir dos traços abandonados, ligeiramente palpitantes.

---

17 "Sou médico, digamos que eu seja diagnosticador. Desejo fazer um diagnóstico e meu trabalho consiste em revelar, por meio da própria incisão da escrita, algo que seja a verdade daquilo que está morto. [...] O que é necessário reencontrar através da brancura e da inércia da morte não é o fremir perdido da vida, e sim o desdobramento meticuloso da verdade", Foucault, *Le Beau Danger. Entretien avec Claude Bonnefoy*.

18 Ibid., p.41.

19 Ibid., p.36.

20 "Em *O nascimento da clínica* eram precisamente a anatomia, a autópsia, o diagnóstico e o modo de conhecimento médico que estavam em questão. Mas se eu estava tão obcecado por esse modo de conhecimento médico, foi sem dúvida porque ele se encontrava no próprio interior de meu gesto de escrever", ibid., p.46.

O GOVERNO DOS CORPOS

Corpo do rei e corpo supliciado

Por volta dos anos 1970, a questão do poder e de suas genealogias torna-se central na obra de Foucault. E o corpo constitui um fio de Ariadne. Foucault elabora uma maneira original de conceber o poder, na qual o corpo seria simultaneamente o alvo e o mensageiro privilegiados: toda relação de poder se exerce sobre os corpos, por entre os corpos e através dos corpos. O corpo é um operador essencial na especificação das técnicas de governo e de dominação. As relações de poder adquirem consistência e circulam por intermédio dele. No entanto, Foucault declara: "O poder não existe".[1] De fato, ele não existe como instância separada, substância ontologicamente distinta. Ele se confunde com o conjunto das dinâmicas que atravessam as relações interindividuais, como na família, nas fábricas, na escola. O poder circula através das materialidades ínfimas das existências. "Nada é mais material, mais físico, mais corporal que o exercício do poder..."[2] A história política dos corpos deve valorizá-los ao mesmo tempo como escopo dos mecanismos de dominação e átomos primordiais das lutas.

Foucault pode conceber, a partir de então, uma "anatomia política" que refletiria um corpo político difuso, distante do modelo estatal – no qual se pensa o Estado como grande corpo (Hobbes) ou o corpo como pequeno Estado (Platão). Na verdade, o "corpo

---

1 Foucault, "Le jeu de Michel Foucault", *DE II*, texto n.206, p.302.
2 Foucault, "Pouvoir et corps", *DE I*, texto n.157, p.1624.

32 ARIANNA SFORZINI

político" não é outra coisa além do "conjunto dos elementos materiais e das técnicas que servem de armas, de transmissores, de vias de comunicação e de pontos de apoio para as relações de poder e de saber que investem os corpos humanos" (*SP*, p.37).

O primeiro domínio de estudos no qual se põe à prova esse estilo de análise do poder é a penalidade. Aproveitando-se de sua experiência[3] no GIP (*Grupo de Informações sobre as prisões*),[4] Foucault propõe uma hipótese de trabalho inédita: compreender a evolução da racionalidade punitiva a partir de uma história do corpo castigado. É assim que encontraremos, em *Vigiar e punir*, três corpos trabalhados pela pena: o corpo supliciado, o corpo exposto e o corpo dócil, cada um deles implicando uma inscrição material específica do poder (a marca, o sinal, o traço).

As descrições dos suplícios relatadas por Foucault (a exemplo do esquartejamento de Damiens no início de *Vigiar e punir*) provocam o surgimento de um corpo marcado, pela pena, no âmago da carne e do sofrimento. No entanto, o que está em questão na atrocidade do suplício é algo distinto de uma desumanidade bárbara. Trata-se, na verdade, da simbologia superior de um corpo a corpo assimétrico. Em seu curso proferido em 1976 no Collège de France, *Em defesa da sociedade*,[5] Foucault evoca uma famosa imagem: o frontispício do *Leviatã* de Hobbes, concebido por Abraham Bosse para a edição de 1651.[6] O Estado soberano se encontra aí representado como esse corpo que engloba a multiplicidade dos sujeitos, todos eles

---

3 "Talvez o presente, mais do que a história, tenha me ensinado que as punições em geral e as prisões se originam de uma tecnologia política dos corpos. Ao longo dos últimos anos, eclodiram revoltas em prisões por todas as partes do mundo. [...] Tratava-se realmente de uma revolta, ao nível dos corpos, contra o próprio corpo da prisão" (*SP*, p.39).

4 Ver *Le Groupe d'information sur les prisons. Archives d'une lutte, 1970-1972*, Ph. Artières, L. Quéro e M. Zancarini-Fournel (dir.), posfácio de D. Defert, Paris, Éd. de l'IMEC, 2003.

5 Ver FDS, p.26, 30.

6 Ver T. Hobbes, *Leviathan, or the Matter, Forme, and Power of a Common--Wealth, Ecclesiasticall and Civill*; trad. fr. F. Tricaud, *Léviathan, traité de la Matière, de la forme e du pouvoir de la republique ecclésiastique et civile*.

MICHEL FOUCAULT 33

contidos em seu ventre. Dele se ergue uma cabeça coroada, e dois braços portando a cruz e a espada. "Forma capital do poder" (*LSP*, p.231), afirma Foucault. O soberano é antes de tudo um corpo, corpo eficaz do ponto de vista político, corpo do rei,[7] ao mesmo tempo natural e simbólico, capaz de encarnar a potência e a legitimidade do poder real. Entre a Idade Média e a Época Clássica, a França afirma-se enquanto nação mediante um processo de agrupamento, de coagulação ao redor do corpo do rei. Antes de determinar-se como estatuto jurídico, o rei é um corpo, e inclusive o único corpo autenticamente vivo. É através dele que os mecanismos do poder são postos em movimento.

É preciso evocar, aqui, os estudos cruciais de Kantorowicz em sua obra *Les Deux Corps du roi*.[8] Essa ficção fisiológica,[9] elaborada pelos juristas elisabetanos, assegura ao monarca um corpo mortal, humano, corruptível, e ao mesmo tempo um corpo político imortal, um "supercorpo"[10] que garante a continuidade da instituição. Kantorowicz remonta as origens dessa dualidade à teologia cristã (dupla natureza do Cristo). Ela inspira toda uma iconografia, uma série de rituais e cerimônias, um conjunto de teorias políticas e de procedimentos jurídicos que pretendem assinalar a sacralidade e a excepcionalidade do corpo do soberano. Ora, Foucault encontra um equivalente deteriorado do corpo do rei no corpo supliciado. Este último é também o objeto de teorizações e de ritualizações, mas "não para justificar o 'acréscimo de poder' que afetava a pessoa do soberano, e sim para codificar o 'decréscimo de poder' que marca aqueles que são submetidos a uma punição" (*SP*, p.37). O corpo supliciado é o duplo irônico do corpo dual do rei, seu inverso simétrico, necessário. Seria necessário denominá-lo, "em homenagem a Kantorowicz, 'o ínfimo corpo do condenado'" (*SP*, p.37). Esse "ínfimo corpo"

---

7 Ver G. Vigarello, "Le corps du roi", in *Histoire du corps*, A. Corbin, J.-J. Courtine, G. Vigarello (dir.), v.1 (*De la Renaissance aux Lumières*).

8 E. Kantorowicz, *Les Deux Corps du roi: essai sur la théologie politique au Moyen Âge*.

9 Ibid., p.654.

10 Ibid.

34 ARIANNA SFORZINI

é o elemento de um ritual político fundamental, que não dirá respeito ao restabelecimento da ordem social perturbada pelo crime, mas à recomposição do corpo da soberania, ofendido pelo delito. Todo crime é considerado uma ofensa direta imposta ao corpo do soberano. O castigo se torna, por conseguinte, uma forma de "vingança [...] ao mesmo tempo pessoal e pública" (*SP*, p.59). Por meio do corpo marcado e desmembrado, a justiça torna visível a todos o corpo desproporcional do soberano readquirindo sua consistência superior através do esfacelamento do criminoso.

Poderíamos dizer que, nesse primeiro paradigma político, o corpo é o elemento característico do rei. Os corpos mínimos dos sujeitos constituem, definitivamente, apenas o enaltecimento de sua demonstração. Eles ainda não possuem valor como núcleos de uma força de trabalho disciplinável. "Em uma sociedade de tipo feudal, o corpo dos indivíduos certamente é importante", mas importante enquanto suporte de circulação dos sinais direcionados ao corpo superpoderoso ("sinais de respeito, sinais de devoção, sinais de sujeição e de servidão"), e como puro objeto do "direito de vida e de morte" que constitui o atributo do soberano. "Dito isto, o poder em uma sociedade feudal é indiferente a todo o resto",[11] ou seja, às maneiras concretas de viver, trabalhar, reproduzir-se etc. Os sujeitos são corpos neutros, cinzentos, brutalmente requisitados, e iluminados apenas pela luz e pelo golpe, cruéis, radiantes e descontínuos do corpo soberano. "Aquilo que os arranca da noite na qual [eles] teriam podido, e talvez sempre devido permanecer, é o encontro com o poder."[12]

A publicidade dos castigos: o corpo-sinal

O pior crime, no Antigo Regime, era o assassinato do monarca, pois isso era considerado um atentado contra a própria encarnação

---

11 Foucault, "La scène de la philosophie", entrevista com M. Watanabe (1978), *DE II*, texto n.234, p.586.
12 Foucault, "La vie des hommes infâmes", *DE II*, texto n.198, p.240.

da lei e do poder. O regicídio constituía o ponto extremo da penalidade, um crime que exigia a mais lenta e dolorosa agonia. Consideremos o suplício de François-Ravaillac na Place de Grève, em Paris, no ano de 1610. Suas pernas foram quebradas pela aplicação dos brodequins, em seguida ele foi torturado, queimado com chumbo fundido, óleo fervente, enxofre liquefeito e resinas ardentes, e finalmente esquartejado por quatro cavalos. Uma parte de seus membros foi recolhida para ser espalhada pela cidade. O que restava do corpo foi reduzido a cinzas e lançado aos quatro ventos. Fragmentação incalculável do corpo, até sua aniquilação. Bem diferente é a cena deste outro "infinito punitivo" (*SP*, p.134), descrito por um advogado e jurista reformador do final do século XVIII a respeito de um parricida, equivalente secular do regicida. Ele é condenado a ter os olhos furados e, posteriormente, a ser exposto em uma jaula de ferro suspensa em uma praça pública, totalmente nu, acorrentado às grades, alimentado com pão e água até o fim de seus dias. Em vez do magnífico espetáculo de um corpo desmembrado, a exposição ilimitada de uma vida reduzida à sua reprodução vegetativa, na qual a cegueira real simultaneamente pune e caracteriza o crime que extinguiu a luminosidade do bem.

Nos dois casos, regicida do século XVII ou parricida do século XVIII, o corpo do condenado funciona sempre como lugar de inscrição de uma técnica de poder. Mas, no Século das Luzes, o corpo já não é marcado, supliciado, pulverizado. Ele deve *sinalizar*, "um sinal que interdiz" (*SP*, p.111). Ele estrutura um campo de imagens que deverão inclinar a balança dos interesses. Deve-se deduzir do corpo do condenado uma hierarquia das preferências: o jogo de "interesse-razão" (*AN*, p.82) entre o crime e sua punição. A semiotécnica constitui, a partir de então, "uma política dos corpos bem mais eficaz que a anatomia ritual dos suplícios" (*SP*, p.121). Foucault descreve o corpo-sinal como uma representação imediatamente inteligível e transparente ao olhar: um ensino desenvolvido, a expressão de um "tipo de estética razoável da pena" (*SP*, p.125).

Essa passagem do corpo marcado ao corpo significante pressupõe o progressivo desaparecimento do supercorpo do monarca.

A soberania identifica-se cada vez mais com o corpo social, compreendido como a soma das vontades individuais regida por um contrato. O criminoso rompe o pacto social, e é no seu corpo que os efeitos dessa ruptura deverão ser percebidos. Segundo os reformadores, a pena deve ser exemplar e útil: ajudar a futura reintegração do punido no corpo social e permitir que toda a sociedade aprenda por meio do castigo público. A cerimônia dos suplícios é abandonada, não porque ela seria atroz e bárbara, mas porque representaria um absurdo desperdício. "Por que a sociedade suprimiria uma vida e um corpo dos quais ela poderia apropriar-se?" (*SP*, p.129). O corpo do condenado é um bem comum, do qual a penalidade se aproveita a fim de produzir a utilidade social: obrigação de trabalho em benefício da coletividade (os trabalhos sociais); exposição do corpo punido, com o intuito de fazer circular no corpo social *exempla* instrutivos. A tecnologia das penas baseia-se nesses cálculos econômicos. Ao se conceber os trabalhos forçados e a infâmia como modalidades punitivas que deveriam substituir os suplícios, utilizam-se os corpos como fonte de produção de imagens públicas. Não é nem mesmo o corpo que importa, mas sua superfície representativa: representação da potência imparcial da lei; representação do caráter inevitável da pena; representação dos inconvenientes do crime, que deve suplantar a representação de suas vantagens. A publicidade torna-se a característica primordial do castigo. Sonha-se com esses "Jardins de Leis", onde cada condenado seria exposto como representante de um crime particular e ator de sua sistemática dissuasão. O corpo do condenado constituiria aí o objeto de uma encenação edificante, bem distante do horror sagrado do suplício. É até mesmo recomendado que as crianças compareçam a essas lições intuitivas.

Tais formas punitivas propostas pelos reformadores do século XVIII efetuam, portanto, uma elisão do corpo em seu funcionamento interno. Não passam de uma superfície para os jogos do olhar. A única coisa que importa é o corpo enquanto visibilidade – o sofrimento poderia até mesmo ser ilusório, com a condição de que parecesse real aos olhos de seu público. Dever-se-ia então compreender o corpo-sinal como um corpo esvaziado de sua substância e reduzido à sua representação? Os projetos de reforma do século XVIII ilustrariam um intervalo sem carne entre o corpo supliciado pelo soberano supremo e o futuro corpo tornado dócil por uma disciplina anônima? O próprio Foucault o sugere, ao estabelecer a seguinte série: "O corpo que é supliciado, a alma cujas representações são manipuladas, o corpo que é adestrado: [...] três dispositivos que se defrontam na última metade do século XVIII" (*SP*, p.155). No entanto, essa *alma* surgida ali entre o corpo supliciado e o corpo adestrado não é pura substância espiritual. Até mesmo essa punição do Iluminismo, fundada em um jogo de representações, inscreve-se em um sistema de poder operante no corpo: corpo-sinal do criminoso e corpo-contrato da sociedade. Os castigos imaginados pelos grandes reformadores do Iluminismo ainda pressupõem um jogo dos corpos: perigo de um excesso do corpo do rei, que não desapareceu por completo; ameaça de uma subversão dos corpos singulares e coletivos, fervilhando no corpo-contrato. A comunicação com a alma e com o espírito só se torna possível a partir de uma política econômica e eficaz dos corpos, através da circulação dos sinais.

Tal programa de uma representação corretiva foi, contudo, rapidamente suplantado a partir do século XIX, pela utilização generalizada, uniforme e sistemática da prisão como modalidade punitiva. Certamente o mecanismo punitivo concebido pelos reformadores do Iluminismo estabelecia a alma como objeto de um saber punitivo significante. Mas uma outra alma já havia começado a existir desde o início da Era Clássica, alma que convidaria a penalidade a empreender sua reviravolta carcerária. Não essa alma que dizia respeito aos corpos castigados e que lhes servia de lição, mas uma alma surgida de um corpo vigiado e punido, uma alma réplica do corpo disciplinado, uma alma "produzida permanentemente, em torno, na superfície e no interior do corpo, pelo funcionamento de um poder que se exerce sobre os que são punidos" (*SP*, p.38).

O homem-máquina: o corpo dócil

Foucault descreve, no decorrer da era clássica, "toda uma descoberta do corpo como objeto e alvo de poder" (*SP*, p.160). E, no que concerne a essa descoberta, o mito do homem-máquina é a representação cultural mais evidente. Ele exprime a utopia de um domínio absoluto do corpo segundo seus dois registros: o corpo inteligível, objetividade médico-filosófica estudada nas universidades; e o corpo útil, técnico-político, programado nas casernas, nos hospitais, nas fábricas e nas escolas. A natureza é dominada pelo pensamento, pelo método e pela ciência, em elos de causalidade. A existência dos indivíduos é prisioneira de modalidades de vigilância e de exame definidos pelas instituições disciplinares. O corpo, ao mesmo tempo fragmento de natureza e peça de minha existência, é o ponto de junção das necessidades e aprendizagens, dos adestramentos disciplinares e determinismos físicos. A paixão pelos autômatos, admirados por Descartes ou por La Mettrie, revela-se mais do que um estilo: o mecanismo imita e produz as verdades naturais e sociais. Os autômatos são autênticos "fantoches políticos" (*SP*, p.161), emblemas desse corpo que une "o corpo analisável ao corpo manipulável" (*SP*, p.160).

Foucault atribui o nome de *disciplina* ao conjunto das técnicas capazes de tornar os corpos *dóceis*. Essa moderna forma de poder elabora-se e difunde-se entre os séculos XVII e XVIII. Obviamente, essa não é a primeira vez que o poder investe os corpos, porém os planos de objetividade e as modalidades de ataque modificar-se-ão. As disciplinas não visam ao corpo enquanto unidade plena. Elas se dirigem à mecânica interna dos gestos e dos movimentos. Detalham o corpo em sua potência ativa analisável. Tal recorte faz que o corpo já não se constitua como o local de marcação simbólica do soberano, e sim como um objeto econômica e funcionalmente estruturado: um conjunto de forças maleáveis, de modo que é possível multiplicar sua eficácia. Essa finalidade exige um modo de sujeição capaz de se estender indefinidamente: controle constante, contínuo, global, porém capaz de apreender o mais fino grão da existência corporal. Ora, o corpo não é uma matéria infinitamente dúctil. A imposição da disciplina provoca uma resistência, uma batalha, um corpo a corpo insistente e inquieto. Apesar disso, a ortopedia disciplinar permanece uma "invenção" estratégica decisiva para a sociedade industrial nascente, na medida em que sujeita os corpos à máquina. Os corpos vivos, afirma Foucault, "não são por natureza *trabalho*; eles são prazer, descontinuidade, festa, repouso, necessidade, instantes, acaso, violência etc.". E é exatamente "essa energia explosiva" (*LSP*, p.236) dos corpos que as disciplinas buscarão empregar em tarefas produtivas e monótonas. Elas transformam o corpo em força de trabalho dócil, e com isso neutralizam suas intenções de resistência. "Sem maiores dificuldades, a força do corpo é reduzida enquanto força 'política' e maximizada enquanto força útil" (*SP*, p.258).

Para conduzir essa extração sistemática, racional e direcionada das forças úteis, a disciplina individualiza. As globalidades somáticas plurivalentes devem ser transformadas em unidades submissas e manipuláveis: em *indivíduos*. As diferentes técnicas permitem a Foucault distinguir ao menos quatro formas de individualidades corporais produzidas pelos procedimentos disciplinares: o corpo-célula, o corpo-organismo, o corpo-gênese, o corpo-combinatório.

Para engendrar um corpo útil, é necessário começar pela distribuição dos corpos no espaço, fixando-os racionalmente aos aparelhos de produção segundo um princípio de clausura. Tendo como inspiração as celas monásticas, organizam-se os estabelecimentos disciplinares – hospitais, escolas, casernas, fábricas – em inúmeros dispositivos arquitetônicos e funcionais separados. Mas a simples distribuição espacial não é suficiente para fabricar corpos dóceis. A disciplina também se apresenta como uma arte do policiamento e da classificação. O espaço disciplinar não é apenas separado, mas intimamente dividido em séries ordenadas e bem definidas, de tal modo que se instaura uma relação biunívoca entre os indivíduos e suas posições (para cada indivíduo o seu lugar, para cada lugar um indivíduo). Ele permite assim identificar qualquer indivíduo segundo a posição que este ocupa em uma série, e tornar qualquer indivíduo substituível, desde que seja utilizado outro de *mesma classe*. Quer seja a disposição dos leitos nos hospitais modernos ou nas casernas, quer seja o arranjo de cadeiras nas escolas, o espaço determina singularidades corporais. A disciplina suscita quadros ordenados, reagrupando os corpos em diversas individualidades *analíticas e celulares.*

A fabricação de um corpo dócil implica ainda um controle rigoroso do tempo, em um duplo sentido. De início, como busca de um controle do desenrolar dos gestos. Qualquer movimento deve ser minuciosamente decomposto e definido. É preciso ensinar aos corpos atitudes calculadas. A maneira de se comportar, de marchar, de executar ordens e de trabalhar constitui o objeto de aprendizagens progressivas. Todos devem interiorizar sequências de atividades a fim de ganhar em performance, em rapidez, em eficácia. Um esquema anatomocronológico (*SP*, p.178) do comportamento é instalado, permitindo a articulação do corpo com seu instrumento de trabalho. Essa "somatogênese técnica" produz novas entidades a partir da síntese corpo-objeto: "um complexo corpo-arma, corpo-instrumento, corpo-máquina" (*SP*, p.180). Mas o corpo nada faz além de se adaptar exteriormente, ajustando sua intimidade ao molde da atividade: corpo do soldado forjado pela manobra, ou do operário pela máquina. A disciplina solicita ao indivíduo não apenas um corpo mecânico ("corpo constituído por sólidos e afetado por movimentos, cuja imagem tanto obcecara aqueles que sonhavam com a perfeição disciplinar"), mas também um "corpo natural", um corpo "portador de forças e núcleo de uma duração; [...] suscetível de operações especificadas, que possuem sua ordem, seu tempo, suas condições internas" (*SP*, p.182). As disciplinas determinam esse corpo que apresenta modalidades de funcionamento, bem como limites próprios à sua estrutura de organismo vivo. É um composto irredutível à simples física da matéria e do movimento, composto que se deve aprender a controlar em seus mecanismos fisiobiológicos. A sujeição disciplinar suscita no corpo uma individualidade *natural* e *orgânica.*

A terceira forma de individuação traça temporalidades específicas também no interior dos corpos: as "durações rentáveis" (*SP*, p.185). É a temporalidade segmentada e capitalizada dos horários e dos regulamentos disciplinares. O poder captura o tempo e seu uso, rentabiliza cada um dos momentos. Ele põe em prática exercícios progressivos, mensurados: provas continuamente readaptadas e singularizadas de acordo com as progressões individuais. Ao final, obtém-se um corpo como individualidade *genética*, continuidade temporal, resultado de sedimentações. A historicidade dos corpos disciplinares é evolutiva e adaptativa. A "dinâmica" dos progressos lentos e contínuos dos corpos individuais substitui a antiga "dinástica", o solene relato dos acontecimentos relativos ao corpo do soberano. O tempo permanece um elemento essencial da construção disciplinar dos corpos: tempo das gêneses e das aprendizagens, tempo do relógio e das máquinas. No curso de 1973, *A sociedade punitiva*, sua importância era ainda mais marcante, pois o poder disciplinar era totalmente concebido como um operador de transformação do "tempo da vida em força de trabalho" (*LSP*, p.235). Entre 1973 e 1975, a anatomopolítica substitui a cronopolítica, o "corpo dócil" substitui o "tempo de existência", mas esse corpo permanece atravessado por temporalidades cuidadosamente sequenciadas.

Por fim, a produção de um corpo útil pressupõe a elaboração de um cálculo sutil e preciso da repartição das forças em jogo. A disciplina é compreendida como essa arte de majorar as forças dos corpos disponíveis, através de sua combinação ideal. Afinal, elas constituem diversos segmentos que devem ser aplicados em uma estratégia que as articule umas às outras e as utilize de maneira composta. Tal como nos grandes exércitos, onde cada soldado é ao mesmo tempo indivíduo distinto e parte de um conjunto funcional. Ou, melhor dizendo, sua individualidade é erigida como uma função nesse conjunto. O exemplo do exército é eloquente, pois ele ressalta que a construção dessa síntese harmoniosa e produtiva dos corpos supõe um sistema hierárquico de comando unívoco e rigoroso. Geralmente, a coerção deve ser interiorizada ou, em termos mais exatos, *incorporada*, a fim de que a obediência se torne automática. A disciplina provoca uma militarização dos corpos – e a tática constitui a técnica adequada à produção desse corpo, dessa individualidade *combinatória*.

Ora, a nova anatomia política disciplinar dos corpos, "modalidade de poder para a qual a diferença individual é pertinente" (*SP*, p.225), não é somente constituída por mecanismos inéditos de governo dos corpos. Ela também cria, correlativamente, novas formas de saber que circulam através desses corpos, novas verdades deles mesmos. De modo esquemático, a verdade da soberania coincidia com o rutilante espetáculo da potência do corpo do rei, portanto, com os rituais e as cerimônias dirigidas ao soberano (os triunfos, as paradas, o cerimonial de corte, a historiografia real). Agora, a afirmação de verdade atravessa os corpos individuais. Como *O nascimento da clínica* já havia evidenciado, o estabelecimento de uma "ciência dos indivíduos", "invenção" da era moderna, é simultaneamente a consequência e a condição de possibilidade de novas exigências sociais, econômicas e discursivas, circunscrevendo as práticas reais dos corpos. O exame se torna a forma por excelência da constituição de um saber verdadeiro: análise daquilo que constitui a singularidade dos casos individuais e formação de um dispositivo epistêmico que sustenta e reforça o uso técnico-político das disciplinas. O "homem memorável" (o rei ou o herói) é substituído pelo "homem calculável" (*SP*, p.226), o discurso da Lei e do estatuto excepcional da soberania é substituído pelo discurso padronizado e objetivante da norma. No fundo, as ciências do homem são apenas a expressão dessa nova exigência de uma verdade científica dos indivíduos. O que as tornou possíveis foi uma modalidade específica de política dos corpos, exigindo destes uma verdade correlativa a seu adestramento e à sua transformação em força de trabalho.

Agora é possível, enfim, compreender melhor como a prisão conseguiu se tornar, rápida e surpreendentemente, a forma generalizada, evidente e quase exclusiva da pena. A prisão é o espaço disciplinar por excelência: ela representa, simboliza e executa a disciplina. Ela pôde ser interpretada como uma "penalidade do incorporal" (*SP*, p.23), pois o encarceramento não permite que o corpo seja diretamente tocado, nem para marcá-lo, nem para saturá-lo de signos públicos edificantes. Mas ela, na verdade, cristaliza e concentra esse poder que penetra os corpos, com o intuito de modelar

MICHEL FOUCAULT **43**

seus comportamentos e majorar sua utilidade. De resto, os corpos sujeitos à penalidade carcerária são atravessados pelas projeções disciplinares: corpos-células localizados e aprisionados, corpos regulamentados e inseridos no trabalho, corpos observados, examinados, objetivados em múltiplas formas de saberes individualizantes (relatórios, inquéritos, folhas corridas). O corpo aprisionado é um *corpo-molde*. Ele inscreve em si gestos e hábitos. Constitui-se enquanto brasão de uma verdade estabelecida pelas ciências da antropologia criminal. Exterioriza, em seu comportamento, a narrativa das utopias disciplinares.

Masturbação, corpo da família e implantação perversa: o corpo sexual

Em *A vontade de saber*, publicado apenas um ano após *Vigiar e punir*, Foucault evoca, ao lado do corpo-máquina das disciplinas (a anatomopolítica do corpo humano), um corpo-espécie: "corpo atravessado pela mecânica do ser vivo e suporte dos processos biológicos" (*VS*, p.183). Esse corpo da reprodução também se torna o objeto de tecnologias de poder, que buscarão agora delimitar não tanto seu comportamento, mas sua dinâmica biológica: sexualidade, saúde, longevidade, mortalidade etc. É assim que Foucault descreverá o implemento, por volta da metade do século XVIII, de uma *"biopolítica da população"* (*VS*, p.183). Tal biopolítica transforma o homem moderno em "um animal cuja política põe em questão sua existência enquanto ser vivo" (*VS*, p.188).

Administração, portanto, do corpo biológico, realizada lado a lado com a redistribuição e a utilização do corpo produtivo. Anatomopolítica e biopolítica não funcionam, contudo, como dois regimes separados. Os corpos enquanto núcleo de forças individuais ou como sequência biológica anônima são infinitamente governáveis. O corpo adestrado pelas instituições (que dele extraem sua utilidade) e o corpo investido pelas políticas públicas (responsáveis por gerir suas dinâmicas profundas) se reúnem, fazendo de ambos

44 ARIANNA SFORZINI

um fragmento de população e um indivíduo disciplinado. No cruzamento desses dois corpos, afirmando sua junção ou até mesmo sua coincidência, Foucault situará o corpo sexual.[13] A captura da sexualidade permite a organização simultânea do controle das populações e da disciplina dos indivíduos. O primeiro projeto de uma *História da sexualidade* na obra de Foucault apresentava-se como essa história biopolítica dos corpos sexuais: corpo extenuado da criança onanista, corpo perverso do anormal, corpo nervoso da mulher histérica, o qual já desenvolve um teatro da resistência, mas também corpo racial das populações ou corpo do concupiscente ao confessionário.[14]

Na metade do século XVIII, é conduzida uma intensa campanha médica contra a *masturbação* das crianças e dos adolescentes, uma verdadeira "cruzada" antionanista que, entretanto, não adquire a forma de um discurso moralizador, mas "de uma somatização, de uma patologização" (*AN*, p.223). A questão do onanismo atravessa o corpo a partir da ficção científica da masturbação como doença total, do estabelecimento de seu primado etiológico absoluto, da lenta difusão de uma hipocondria generalizada. O corpo do onanista é concebido como manifestação dos signos da *doença enquanto tal*: corpo "descarnado e devastado", "corpo inerte, diáfano e debilitado" (*AN*, p.223), enfim, um corpo extenuado, no qual fragmento algum escapa aos efeitos destruidores da masturbação. A masturbação é igualmente considerada como a causa subterrânea e recorrente de todas as patologias possíveis. Ela se torna uma constante nos estudos etiológicos, uma categoria inevitável da nosografia médica. Por fim, esse complexo discursivo em torno da masturbação suscita nos pacientes jovens um "verdadeiro delírio hipocondríaco" (*AN*,

---

13 A primeira ocorrência da noção de "corpo sexual" em Foucault encontra-se no curso *O poder psiquiátrico* (ver *PP*, p.325). O corpo sexual é inicialmente o corpo excessivamente erótico dos histéricos, corpo que excede simultaneamente o quadro de objetivação anatomopatológica e o espaço disciplinar organizado pela reclusão asilar.

14 O projeto inicial de Foucault para sua *História da sexualidade* anunciava seis volumes, cujos títulos podiam ser lidos na contracapa da primeira edição de *A vontade de saber*: 1. *A vontade de saber*; 2. *A carne e o corpo*; 3. *A cruzada das crianças*; 4. *A mulher, a mãe e a histérica*; 5. *Os perversos*; 6. *Populações e raças*.

MICHEL FOUCAULT   45

p.225). Funda-se aí a necessidade de exteriorizar o relato detalhado e preciso de seu corpo, das sensações inocentes e das carícias culpáveis. Através dessa somatização, a masturbação instala no âmago do corpo sexual da criança uma causalidade médica supletiva e integradora, correlacionada à causalidade lesional que a anatomopatologia, na mesma época, estava prestes a descobrir e instituir. Desse modo, o problema da masturbação inscreve a sexualidade como causa universal e secreta de todo o inexplicável da clínica: "ela justapõe às causas visíveis e identificáveis no corpo uma espécie de etiologia histórica, com responsabilização do próprio doente em face de sua respectiva doença" (*AN*, p.227).

No entanto, a importância que o corpo da criança onanista adquire no seio dos discursos médicos do século XVIII não se explica apenas por essa possibilidade de uma causa supra-anatômica. Ele é concebido também como o transmissor de um mecanismo mais extenso de poder, que estrutura a organização física e sociopolítica do *corpo da família* (o qual era convocado pelos alienistas, mas como tecido geracional a fim de materializar a doença mental,[15] como já observado). O corpo sexual da criança torna-se uma instância conjunta de intensificação e de controle das relações familiares. Com efeito, a campanha contra a masturbação tem como objetivo maior o cerco das crianças, e não sua culpabilização. Ao se decretar o desejo de masturbação como simultaneamente incontrolável e perigoso, convoca-se a responsabilidade dos adultos, principalmente a dos pais. O corpo da criança exige, da parte deles, uma atenção contínua. Eles deverão espionar seus momentos de sonolência, e até mesmo dormir ao seu lado para impedir o ato fatal e patogênico. E tal vigilância aproximará insidiosamente, em uma contiguidade confusa, os corpos dos pais e das crianças. A família, que outrora era concebida como nó de alianças, redefine-se como um corpo englobante e inquisidor. Esta é a moderna família burguesa, uma "família-canguru" envolvendo o corpo da criança: uma

---

15 Ver *supra*, p.26.

46 ARIANNA SFORZINI

família "substancial, [...] afetiva e sexual" (AN, p.234-5), constitutivamente "incestuosa" (VS, p.143). A sexualidade infantil funciona na família, portanto, como um operador de aproximação necessário, íntimo e, em todo caso, um pouco condenável. Mas, ao mesmo tempo, ela obriga os pais a apelar a uma instância de controle e de autoridade exterior: a medicina. A masturbação, como visto, surge do registro patológico. Apenas os médicos estarão autorizados a relatar a sexualidade, a fazê-la falar e a fornecer às famílias as prescrições adequadas. A sexualidade é, portanto, o instrumento através do qual a medicina penetra o campo familiar e o constitui como espaço de observação, de exame e de determinação das condutas sexuais, normais ou desviantes. A família torna-se o principal vetor social de um projeto de normalização. Ela será instada a responsabilizar-se, de maneira cada vez mais estrita e direta, "pelas crianças em sua própria corporeidade, em seu próprio corpo, ou seja, em sua vida, em sua sobrevivência, em sua possibilidade de educação" (AN, p.240-1). A cruzada contra a masturbação poderia ser compreendida como refletindo a pura exigência econômica e sociopolítica de uma luta contra o inútil esperdício de energias vivas. Mas essa intensificação do papel familiar possui, acima de tudo, uma função preparatória: assegurar, através de uma educação familiar, a produção desse "corpo de performance ou de aptidão" (AN, p.242) do qual se ocuparão, posteriormente, outras instâncias disciplinares (a escola, o exército, a fábrica).

Um segundo corpo sexual esboçado por Foucault é o do *perverso*, afetado por uma psicopatia sexual.[16] Ao contrário do corpo do onanista (historicamente anterior), o corpo perverso introduz explicitamente no discurso as dimensões do desejo e do prazer, relativamente dissimuladas na cruzada médica contra o onanismo. Na verdade, a masturbação era descrita como uma tendência natural cujos efeitos na saúde, efeitos predominantemente físicos, eram temidos.

---

16 O nascimento da psicopatia sexual pode ser situado entre a obra de H. Kaan, *Psychopathia sexualis*, e o célebre texto de R. von Krafft-Ebing, *Psychopathia sexualis*.

MICHEL FOUCAULT 47

O corpo enquanto centro de perversões é, ao contrário, constituído pela psiquiatria e pela medicina como atravessado por impulsos, desvios, automatismos, desejos e prazeres. O que está em questão nesse corpo abertamente sexualizado já não é a relação com a Lei, mas com a Norma. De acordo com Foucault, até o final do século XVIII a sexualidade suscitara uma codificação jurídica, de origem eclesiástica ou laica, determinando as relações permitidas e proibidas, bem como prescrições morais, notadamente por intermédio da pastoral. No século XIX, as práticas de procriação serão relacionadas a uma *norma natural*, em relação à qual qualquer desvio sexual torna-se uma perversão, uma patologia mórbida que o médico deve diagnosticar e o juiz punir. A desordem moral é repensada como uma patologia ancorada no corpo sexual dos sujeitos. As anomalias do comportamento sexual se tornam entidades médico-psiquiátricas. Descrevem-se síndromes, classificam-se espécies, com uma verdadeira paixão "entomológica". Fetichismo, exibicionismo, zoofilia, automonossexualismo, mixoscopofilia, presbiofilia, inversão sexoestética, dispareunia... Segundo Foucault, todos esses "belos nomes de heresias" (*VS*, p.60) remetem a uma norma somático-sexual que define margens de "contranatureza" acossadas, ou até mesmo suscitadas pelo movimento da persecução: "Nossa época foi iniciadora de heterogeneidades sexuais" (*VS*, p.51). A "implantação perversa" inscreve no corpo a possibilidade ilimitada de uma sexualidade desviante e perigosa.

Essa implantação das anormalidades sexuais nos corpos segue duas vias fundamentais. Primeiramente, a perversão funciona como dispositivo de especificação. Já não se classificam atos, descrevem-se naturezas. A homossexualidade constitui um exemplo eloquente dessa transformação. Antigamente, o sodomita era designado como aquele que praticava condutas proibidas com pessoas do mesmo sexo. No século XIX, o homossexual torna-se uma espécie mórbida,[17]

---

17 Foucault considera decisivo nesse sentido o artigo de C. Westphale, "Die conträre Sexualempfindung. Symptom eines neuropathischen (psychopathischen) Zustandes", *Archiv für Psychiatrie und Nervenkrankheiten*, 1869, v.2, p.73-108.

48 ARIANNA SFORZINI

caracterizado pela inversão do masculino e do feminino, atravessado por impulsos e desejos constitutivamente perversos. A perversão se substancializa enraizando-se nas cavidades dos instintos e dos corpos. Ela expressa dinâmicas internas de funcionamento. O corpo sexual já não é concebido como uma unidade de movimentos e de ação, mas como uma multiplicidade anárquica de instintos,[18] um conjunto de disposições, de inclinações, de pulsões, dentre as quais o sentido procriador fornece o caráter predominante. Corpo instintivo e corpo sexual se combinam, e a fisiopatologia do instinto sexual torna-se o quadro de leitura do conjunto da vida psíquica e física dos indivíduos. O corpo perverso se transforma, através de uma paradoxal inversão, na chave de inteligibilidade do corpo sexual "normal", de modo particular, e do corpo vivo, de modo geral: "é natural ao instinto ser anormal" (*AN*, p.265).

A implantação da perversão nos corpos pressupõe e implica, em seguida, uma sexualização dos mecanismos de controle: erotização difusa do poder. A produção do corpo sexual como corpo instintivo e potencialmente perverso solicita efetivamente toda uma série de técnicas de poder que o cercam e o investem. Mas essas tecnologias só podem instalar-se atravessando o próprio corpo sexual, por meio de uma penetração que implica uma manifestação de sensações e prazeres. O poder que "se ocupa da sexualidade dispõe-se a roçar os corpos; ele os acaricia com os olhos; intensifica regiões; eletriza superfícies; dramatiza momentos conturbados" (*VS*, p.61). Em uma palavra, o poder sexual se "sensualiza" infinitamente. O psiquiatra, o médico, o educador, a família, todas as instâncias de gestão do corpo sexual encontram-se, por consequência, expostas ao corpo e ao prazer que elas se esforçam por dominar. Adquire-se um prazer perverso ao conhecer, descrever, descobrir e suscitar as perversões.

---

18 "Deve-se [...] pensar o instinto não como um dado natural, mas já como toda uma elaboração, todo um jogo complexo entre o corpo e a lei, entre o corpo e os mecanismos culturais que asseguram o controle do povo", Foucault, "Les mailles du pouvoir", *DE II*, texto n.297, p.1002.

Desejos e prazeres: o corpo do "contra-ataque"

Os dois últimos parágrafos de *A vontade de saber* representam um momento-chave no pensamento foucaultiano do corpo. Estabelecendo um diálogo fictício consigo, Foucault dedica-se a responder a uma possível objeção: admitamos que a sexualidade seja um dispositivo de poder, o resultado de um recorte histórico. Podemos, entretanto, reduzir o sexo, a materialidade anatomofisiológica dos corpos, a uma invenção? Isso não seria cair em "um historicismo mais imaturo do que radical" (*VS*, p.198)? Em sua resposta, Foucault esboça um triângulo conceitual constituído por três polos – o corpo sexual, o sexo e a sexualidade –, a partir do qual é formulada uma questão decisiva para a filosofia política do corpo e os estudos de gênero: existe um elemento, uma força, uma natureza no corpo que seria capaz de escapar às técnicas de poder? Qual instância, no âmago da vida dos corpos, poderia resistir à sujeição e à normalização dos próprios corpos?

Foucault começa por levantar a questão do sexo como dado anatômico. Trata-se de se perguntar se uma análise dos processos de sexualização do corpo (corpo extenuado do onanista, corpo inquisidor da família, corpos implantados das perversões) não implica finalmente a elisão de seu substrato fisiológico, o sexo como fragmento bruto de matéria. Os pré-freudianos reduziam a sexualidade à função reprodutora, à biologia dos instintos, à mecânica natural. Um sexo sem sexualidade. A operação foucaultiana não seria o inverso simétrico do positivismo sexual? "Uma sexualidade sem sexo. Ainda assim, castração" (*VS*, p.200). Por "sexo", contudo, podem-se entender duas coisas. Por um lado, há a materialidade irredutível dos corpos. Anatomia, fisiologia e biologia: o conjunto das dinâmicas corporais efetivas, das sensações físicas concretas. Ora, as análises foucaultianas não suprimem essa dimensão, muito pelo contrário. Por outro lado, a genealogia da sexualidade, com seu programa tal qual estabelecido em *A vontade de saber*, tende precisamente a encontrar seus mecanismos de constituição e de funcionamento em formas historicamente determinadas de corpos sexuais.

50 ARIANNA SFORZINI

Não se trata de opor a permanência biológica às transformações históricas, a fim de discernir aquilo que, na sexualidade, suscitaria ideologias, percepções, valores, julgamentos *a propósito* do corpo. A *História da sexualidade* devia ser, ao contrário, uma "'história dos corpos' e da maneira pela qual neles se investiu o que há de mais material, de mais vivo" (*VS*, p.200). O corpo não é algo de recalcado, e sim o objeto característico do discurso genealógico.

No entanto, tal materialidade corporal, simultaneamente lugar de ancoragem e de problematização da sexualidade, não coincide com o sexo. Pois a noção de sexo se constituiu na modernidade exatamente como aquilo que não é redutível nem a uma parte do corpo, nem a uma dinâmica funcional: "O sexo não é uma mão, não é o nariz, ou os cabelos".[19] É uma categoria de inteligibilidade e de identificação dos corpos. Em suma, o conceito moderno de sexo funciona de três maneiras: ele é um princípio fictício de unidade e de significação das sensações e dos comportamentos do corpo; ele assegura o vínculo entre ciência da reprodução e sexologia; ele veicula, enfim, o sonho de uma emancipação, como se o "sexo" pudesse ser a via de uma liberação dos corpos. Em nossa sociedade, cabe ao sexo emancipar nossos corpos e libertar nossas identidades. O sexo não é uma inscrição biológica originária, mas o elemento que permite sistematizar os afetos e as intensidades do corpo. Ele impõe a esse mesmo corpo a estrutura de uma subjetividade atravessada por uma hermenêutica do desejo, e constrói nossa identidade como esse segredo que precisa ser relatado. O sexo é, portanto, o elemento "mais especulativo, mais ideal e também mais interior em um dispositivo de sexualidade que o poder organiza em suas capturas dos corpos, capturas de sua materialidade, de suas forças, de suas energias, de suas sensações, de seus prazeres" (*VS*, p.205). A promessa de emancipação sexual não passa de uma artimanha do poder com vistas a seu recrudescimento, que se torna aceitável, já que desejável. É justamente aí que seria preciso incitar o corpo a operar contra o sexo. "Contra o dispositivo de sexualidade, o ponto de apoio do contra-ataque não

---

19 Foucault, "Enfermement, psychiatrie, prison", *DE II*, texto n.209, p.353.

deve ser o sexo-desejo, mas os corpos e os prazeres" (*VS*, p.208). Não é o sexo que deve emancipar nossos corpos, mas nosso corpo que deve nos libertar do sexo. Contra o sexo-desejo, os corpos. No entanto, tal maneira de incitar o corpo e seus prazeres a atuarem contra o sexo e seus desejos permanece problemática, pois se só há corpo historicamente determinado e *investido*, onde se poderá buscar uma força de "contra-ataque"? A menos que exista aí um espinosismo secreto, a partir do qual o corpo manifestaria uma potência ontológica subterrânea e sagaz. No que diz respeito a todas essas questões, Judith Butler estabelecerá um diálogo com o pensamento foucaultiano do corpo. A crítica que ela dirige a Foucault, em vários de seus trabalhos,[20] poderia ser assim sistematizada: a concepção de um corpo politizado, histórico e cultural, forjado por uma rede de relações de poder e saber, encontra-se em contradição com a afirmação de que os corpos constituem uma instância privilegiada de resistência. "Em certos momentos parece que, para Foucault, o corpo possui uma materialidade ontologicamente distinta das relações de poder que fazem dele um local de investimento."[21] Se é possível apelar ao corpo *contra* um paradigma discursivo, *contra* um dispositivo de poder, é porque ele contém em si uma potência antagonista, e não é redutível a um mero produto dos discursos e das relações de poder. Ele representaria, na verdade, um ponto-limite.[22] Segundo Butler, o próprio mecanismo da inscrição histórica[23] remete a esse papel-limite do corpo: para ser inscrito,

---

20 Ver, em particular, Butler, *La Vie psychique du pouvoir: l'assujettissement en théories; Trouble dans le genre. Le féminisme et la subversion de l'identité; Ces corps qui comptent; Sujets du désir: réflexions hégéliennes en France au XXᵉ siècle.* Ver também os artigos: "Foucault and the paradox of bodily inscription"; "Reconsidérer 'les corps et les plaisirs'"; "Retour sur les corps et le pouvoir".

21 Butler, *Ces corps qui comptent*, p.45.

22 "Para Foucault, parece que o corpo por vezes excede sua construção discursiva a cada instante – *instância* –, impondo à construção discursiva um limite situado exatamente na superfície de sua aplicação", Butler, "Reconsidérer 'les corps et les plaisirs'", p.95.

23 "O corpo: superfície de inscrição dos acontecimentos (ao passo que a linguagem os marca e as ideias os dissolvem)" (*NGH*, p.1011).

52 ARIANNA SFORZINI

escrito no interior dos corpos, o poder deve agir sobre eles a partir do exterior.[24] É necessário então que os corpos sejam, de certa maneira, anteriores à história e ao exercício do poder. No fundo, Foucault permaneceria nietzschiano, no sentido de um vitalismo que conceberia o corpo enquanto um conjunto de forças mais primitivas que as tecnologias históricas de poder e de verdade. O corpo dos prazeres seria, afinal, o equivalente do "sexo" no dispositivo de sexualidade: um engodo, a ilusão romântica da possibilidade de uma libertação de seu Eros. Foucault encontrar-se-ia na paradoxal posição de "apelar à liberdade contestando o discurso da emancipação".[25]

É preciso relembrar a importância decisiva de Foucault para os estudos feministas. Um dos pioneiros, ele abriu a possibilidade de desconstruir a própria noção do sexo e das diferenças binárias de gêneros, e permitiu a elaboração de uma "teoria *queer*"[26] da sexualidade. Mas ao mesmo tempo ele foi responsável, segundo Butler, por enfraquecer o corpo em sua materialidade, através dessa mesma operação de desconstrução. Ele não foi capaz de ir até o limite do que a genealogia do poder havia, contudo, traçado: um corpo suscitado e fabricado pelas dinâmicas histórico-políticas, pelas normas e pelos discursos que se exercem sobre ele; uma resistência dos corpos, escavada no seio dessa interioridade, na linguagem e no poder.[27] Um dos textos que serve de alvo crítico a Judith Butler, juntamente com a conclusão de *A vontade de saber*, é o prefácio escrito por Foucault, em 1980, para a edição americana do dossiê acerca do hermafrodita Herculine Barbin.[28] A história de Herculine, batizado(a) como

---

24 Ver Butler, "Foucault and the paradox of bodily inscription", p.603.

25 Butler, *Trouble dans le genre*, p.203.

26 A expressão "teoria *queer*" foi utilizada pela primeira vez por Teresa de Lauretis, em uma conferência proferida em 1990 na Universidade da Califórnia, em Santa Cruz, e posteriormente retomada em um artigo de 1991: "Théorie *Queer*: sexualités lesbiennes et gaies. Une introduction", em *Théories queer et cultures populaires de Foucault à Cronenberg*, p.95-121.

27 Ver Sabot, "Sujet, pouvoir et normes. De Foucault à Butler", em Jolly, Sabot (dir.), *Michel Foucault. À l'épreuve du pouvoir*, p.59-74.

28 Foucault, "Le vrai sexe", *DE II*, texto n.287, p.934-42. Ver as memórias de Barbin, *Herculine Barbin dite Alexina B.*

MICHEL FOUCAULT   53

mulher e, quando adulto, redesignado(a) pelos médicos como de sexo masculino, ilustra para Foucault a passagem de um hermafroditismo como monstruosidade (a justaposição das duas naturezas) a, no século XIX, um hermafroditismo como anomalia sexual, em relação ao qual se deve, contudo, poder estabelecer uma natureza sexual predominante, a fim de fixar o indivíduo hermafrodita a um sexo e a uma identidade de gênero. "A partir de então, a qualquer pessoa um só sexo, e apenas um."[29] Já não é possível possuir ao mesmo tempo os dois sexos: a temática do "verdadeiro sexo" remete a sexualidade a uma naturalidade/normalidade heterossexual. Segundo Butler, o ponto problemático da leitura foucaultiana da história de Herculine é a suposição dessa feliz confusão na qual ele/ela vivia antes de ser submetido(a) a um processo médico-judicial de mudança de identidade. Nas palavras de Foucault, é como se ele/ela pudera desfrutar de um estado de incerteza sexual, estado que precedera a fixação do corpo a um sexo biológico definido e a uma norma identitária. Uma agradável indistinção "na qual se podia imaginar que apenas a realidade dos corpos e a intensidade dos prazeres importam".[30] Reencontra-se o mesmo problema formulado na conclusão de *A vontade de saber*: em qual sentido o corpo de prazer encerraria em si uma potência indeterminada que precederia a construção, pelo dispositivo de sexualidade, do sexo como identidade? Butler volta a genealogia desconstrutora de Foucault contra ele próprio: "ele ignora o fato de que tais prazeres já se encontram desde sempre ancorados na lei onipresente, porém de modo implícito; poder-se-ia dizer, inclusive, que eles são produzidos pela própria lei que supostamente desafiam".[31] Não existe pureza originária dos corpos e dos prazeres. Assim como a sexualidade produz o sexo, o sexo suscita os prazeres como forma de dissuadir a determinação sexual. E é somente reconhecendo essa codependência essencial de dominação e de luta nos corpos que será possível pensar formas de resistência que não reforcem o dispositivo

---

29 Foucault, "Le vrai sexe", p.936.
30 Ibid., p.935.
31 Butler, *Trouble dans le genre*, p.204-5.

54 ARIANNA SFORZINI

que elas pretendem combater: "Perturbações no gênero", certamente frágeis, possibilitadas pela plasticidade e reversibilidade das próprias normas que elas desordenam, mas capazes, por si mesmas, de realmente pôr em perigo o jogo dos poderes e das determinações identitárias. "O corpo construído pela cultura será [...] libertado não por um retorno a seu passado 'natural' ou a seus prazeres originais, mas por um futuro aberto e cheio de possibilidades culturais."[32]

O diálogo de Butler com Foucault é decisivo, revelando de uma só vez as dificuldades e a atualidade crítica da concepção foucaultiana do corpo. Não é errôneo dizer que Foucault oscila entre um construtivismo radical dos corpos e a hipótese de uma imanência insubmissa, resistente.[33] Por vezes, a genealogia foucaultiana poderia dar a impressão de não só apelar a um vitalismo implícito, criador dos corpos, como também de fornecer-lhe as bases. Pode-se optar, no entanto, pela prudência. O fato de não desejar apagar a materialidade dos corpos não implica necessariamente a aceitação de uma ontologia absoluta. Para Foucault, trata-se na verdade de realizar uma história dos corpos em termos não essencialistas e não metafísicos. Suas genealogias não constituem uma filosofia do corpo. Por outro lado, é preciso recontextualizar suas afirmações acerca do corpo-prazer como contestação do sexo-desejo. Caso se trilhe a genealogia foucaultiana desse corpo sexual a partir das técnicas de confissão e de direção de consciência instauradas com o Concílio de Trento, assegurando a fixação de uma "carne" concupiscente sobre o corpo, compreende-se por que os prazeres do corpo representam uma possibilidade de resistência. Pois tais deleites constituem respostas táticas aos recortes produzidos pelas técnicas de confissão que selam a secreta aliança entre a carne cristã pós-tridentina e a sexualidade

---

32 Ibid., p.198.

33 Toni Negri apropria-se justamente de Foucault para descrever uma "ontologia [...] produtiva" que localiza "na própria vida – na produção de afetos e linguagens, na cooperação social, nos corpos e desejos, na invenção de novos modos de vida – o local de criação de uma nova subjetividade", que desempenha ao mesmo tempo o papel de "instância de desassujeitamento" (Negri, "Quand et comment j'ai lu Foucault", em *Michel Foucault*, Cahier n.95, p.204).

moderna. A descoberta, pelo corpo, de sua potência de prazer impede sua fixação a um sexo-pecado ou a um sexo-natureza. Desse modo, é no cenário de uma história política de nossos corpos que o prazer se engendra como resistência ao desejo. No entanto, é pouco provável que tal capacidade de resistir possa ser extraída dos jogos históricos e imanentes do poder a fim de suscitar uma ontologia da vida. Não há resistência (nem imanência) *originária*.

A PROVAÇÃO DE SEU CORPO

A dietética dos antigos: o corpo atlético

Nos estudos foucaultianos dos anos 1970, o corpo era o objeto de um investimento de técnicas de poder historicamente determinadas. A atenção que os comentadores lhes dispensavam ofuscou, por muito tempo, outras técnicas denominadas "técnicas de si", através das quais o sujeito inscreve em sua vida regras de conduta na perspectiva de um projeto de existência (emancipar-se das coerções da educação, libertar-se de suas paixões, tornar-se sábio etc.).[1] Tais práticas metódicas, por meio das quais o indivíduo dedica-se a atribuir uma forma à sua existência, a estilizar sua liberdade, não envolvem apenas técnicas mentais (uso das representações, exame de consciência, concentração espiritual etc.), mas exercícios corporais. O corpo se torna o parceiro inevitável de uma relação ética consigo, relação que não se constrói através de um vínculo com a Lei, mas por meio de técnicas que se voltam à existência física. Uma subjetividade anticartesiana se constitui, na qual a única relação consigo se dá por intermédio de um corpo.

Em Foucault, a questão do corpo como elemento de práticas de subjetivação encontra-se relacionada à problematização ética da

---

1 "As técnicas de si [...] permitem aos indivíduos efetuarem, sozinhos ou com a ajuda de outros, um certo número de operações sobre seus corpos e suas almas, seus pensamentos, suas condutas, seu modo de ser; transformarem-se a fim de atingir um determinado estado de felicidade, de pureza, de sabedoria, de perfeição ou de imortalidade", Foucault, "Les techniques de soi", *DE II*, texto n.363, p.1604.

conduta sexual, à análise das técnicas de gestão ordenada do prazer sexual. Foucault desenvolve o campo das técnicas de si a partir de uma nova pesquisa acerca da sexualidade. Mas a genealogia "do homem do desejo" (*UP*, p.12), elaborada nos anos 1980, já não se justapõe ao projeto de *A vontade de saber*, mencionado anteriormente. Ela pressupõe ao mesmo tempo uma nova aposta filosófica (problematização do conceito de sujeito) e um novo momento histórico (a Antiguidade).

Na obra de Foucault, a problematização da sexualidade entre os antigos adota um ponto de vista sistemático (o do homem adulto e casado), desdobrando-se em três dimensões: a relação com o corpo, o casamento e a relação com os rapazes. É a relação com o corpo que nos interessa aqui e, em um primeiro momento, as formas que tal relação adquire na "cultura ética" da Grécia clássica (séculos V e IV antes de Cristo), objeto do livro de 1984: *O uso dos prazeres*. A tese geral é a de que os gregos não consideram o prazer sexual como nocivo em si, mas apenas problemático. Sua análise não dá lugar à elaboração de um código de regras que separaria o permitido do proibido, mas a uma arte geral de viver. Fora de qualquer quadro prescritivo que se pretenda universal, a relação com o corpo, em particular com o corpo de prazer, constitui o objeto de técnicas específicas que buscam cultivar nos indivíduos – e novamente, sobretudo nos homens casados – o que Foucault denomina de uma "boa gestão do corpo" (*UP*, p.122). Tal gestão justa e razoável enuncia uma dupla questão: como se preocupar com seu corpo? E por que os prazeres sexuais, não condenáveis *a priori*, devem tornar-se o objeto de uma vigilância particular?

A elaboração de um cuidado "justo, necessário e suficiente" do corpo (*UP*, p.123) implicará toda uma tecnologia da existência denominada "dietética". Trata-se de um certo número de regras capazes de fornecer às atividades do corpo sua medida, de modo que tais atividades, em seu desenvolvimento, integrem-se à harmonia geral da existência. A dieta, "o regime", é um convite a estilizar sua própria conduta, refletir acerca de sua atitude, elaborá-la e conformá-la a critérios de beleza e naturalidade. É uma arte de viver, a "arte da

MICHEL FOUCAULT 59

relação cotidiana do indivíduo com seu corpo" (*UP*, p.107). Compreende-se por que a dietética, para os gregos, confundia-se até certo ponto com a medicina. Nos dois casos, tratava-se de pensar as relações entre os corpos, a saúde e a vida. No entanto, a dietética não é, ao menos na Antiguidade clássica, uma terapêutica: ela não visa à definição e à eliminação das formas patológicas do comportamento (sexual, em particular), mas à integração da existência corporal em uma prática racional, útil, livremente adotada.

Foucault distingue de modo bastante preciso o domínio, a forma, o instrumento tático e a finalidade desse regime dos corpos. O domínio compreende o conjunto das atividades do corpo: conservação física, alimentação, sono, relações sexuais – tudo o que diz respeito ao corpo e que é suscetível de ser *aferido*. Trata-se, na verdade, de a todo tempo introduzir nessas atividades uma certa "medida", uma forma de moderação que permita otimizar o equilíbrio corporal. Mas, para que tal medida se inscreva, ela não deve dirigir-se apenas ao corpo. A otimização do corpo não é separável de um aperfeiçoamento espiritual, moral, que funciona ao mesmo tempo como efeito e como causa. Por um lado, um corpo bem administrado, medido e equilibrado favorecerá a tranquilidade da alma. Por outro, a constituição de um regime do corpo pressupõe uma firmeza e uma coesão da alma que assegurem a constância do exercício, ainda que se devam evitar os *excessos de medida*. O regime não deve preencher toda a existência, de tal modo que a alma fique obcecada pela dieta e o corpo saturado de asceses. Trata-se de conservar uma medida na medida. A obtenção dessa harmonia psicofisiológica não depende da interiorização de um código, da elaboração de prescrições inflexíveis e unívocas. O regime apresenta-se como "uma arte estratégica" (*UP*, p.120) da boa circunstância, segundo a qual não existe nem atividade nem receita que seria boa em si. O valor dos exercícios é função de seu lugar respectivo em uma série e do momento no qual são realizados. Enfim, essa justa preocupação com o corpo não possui sua finalidade em si própria. Ela serve, de modo mais geral, de ocasião, de matriz, de convite a "uma ponderada prática de si mesmo" (*UP*, p.121). O cuidado com seu corpo, ainda que ao risco de ser praticado

60 ARIANNA SFORZINI

de maneira servil (aplicando-se cegamente preceitos exteriores), permite a cada um tornar-se *médico de si mesmo*, ou seja, reportar-se ao seu corpo não como a uma fatalidade fisiológica cujas leis de funcionamento os médicos deteriam consigo, mas como a um princípio de atividade cujos mecanismos e limites seriam conhecidos. A dieta determina circularmente o corpo e sua relação consigo mesmo. Nessa problemática geral do regime na Antiguidade clássica, a sexualidade ocupa um lugar ao mesmo tempo marginal e específico. Marginal, visto que Foucault várias vezes recorda que, para os gregos, o problema da alimentação parece mais importante que o das relações sexuais. Específico, pois a sexualidade é compreendida simultaneamente como natural e selvagem. Ela é natural do mesmo modo que as outras necessidades do corpo, e por isso participa de seu desenvolvimento e de seu equilíbrio. Mas ela é selvagem no sentido de possuir uma violência que pode se revelar nefasta para toda a existência, e até mesmo representar o desencadeamento de uma energia de morte e de destruição no corpo. De modo que, contrariamente ao cânone da moralidade grega que sistematicamente condena os dois extremos, se uma sexualidade excessiva é sempre condenável em absoluto, uma abstenção completa, por outro lado, pode apresentar-se como propícia ao desenvolvimento vital – ao menos para os homens. Para as mulheres, ao contrário, a atividade sexual é sempre um elemento inevitável de saúde. O modelo dos atletas, que se privam de relações sexuais a fim de poder concentrar o máximo de energia, é frequentemente mencionado pelos moralistas. E podemos recordar a resposta de Pitágoras, que, ao ser perguntado acerca do momento adequado para ter relações sexuais, respondia: "Quando se deseja enfraquecer".[2]

Fato é que os médicos da época puderam sugerir, no âmago das recomendações dietéticas, um regime dos prazeres. A sexualidade é, assim, pensada como uma atividade que modifica o equilíbrio geral do corpo. De uma perspectiva masculina, invariavelmente,

---

2 Diógenes Laércio, "Pithagore", em *Vie, doctrines et sentences des philosophes illustres*, livro VIII, 1, §9, p.128.

MICHEL FOUCAULT   61

"o coito emagrece, umedece e esquenta",[3] acarreta a eliminação de calor e de humores, o escoamento de energias vitais. A questão então não é saber o que, enquanto relação sexual, deve ser permitido ou proibido, em função da posição ou do parceiro do ato, e sim que o corpo tem necessidade de ser ressecado, umidificado, acalmado, estimulado? A relação sexual será aconselhada ou desaconselhada em razão do local, do clima, da estação e do estado geral do corpo. A ética sexual do corpo na Antiguidade é uma economia estratégica da quantidade e da circunstância: um uso (*khrêsis*) dos prazeres segundo uma medida estabelecida pelas necessidades naturais, pela singularidade da ocasião (*kairos*), pelo estatuto e pela condição individuais.

Para responder à segunda questão suscitada pelo "justo cuidado" do corpo (por que os prazeres sexuais demandam uma atenção específica?), é necessário se referir à natureza própria dos atos sexuais, que os gregos denominavam *aphrodisia*, e os latinos *veneria* (literalmente as "obras de Afrodite, as "coisas do amor"). Tal noção indica um domínio de experiência que não se encontra sobreposto nem à nossa sexualidade moderna nem à carne cristã. Para tentar delimitá-lo de modo mais preciso, Foucault afirma que se trata do conjunto "dos atos, dos gestos e dos contatos que proporcionam uma certa forma de prazer" (*UP*, p.49). Um conjunto que pressupõe uma referência privilegiada ao corpo, pois, como o afirma, dentre outros, Aristóteles,[4] os prazeres do corpo – e mais especificamente, os que dependem do tato e do paladar, do contato físico com a boca e de outras partes do corpo (o sexo, particularmente) – são suscetíveis de desmesura e de intemperança (*akolasia*), e, portanto, exigem uma vigilância ética particular. Não se trata (como será o caso na experiência cristã da carne) de estruturar a atividade sexual em torno da insistência de um desejo potencialmente perverso ou diabólico, nem de patologizar (como na noção moderna de sexualidade) os prazeres sexuais desviantes. A dinâmica dos *aphrodisia* associa, em um único

---

3 Hipócrates, *Du régime*, II, 58, 2, p.59.
4 Ver Aristóteles, *Éthique à Nicomaque*, III, 13, 1117b 25-1118b 8, p.160-3.

movimento, o desejo, o prazer e o ato, sem que nenhuma separação estrita entre esses três elementos seja possível. O que acarreta dificuldades à reflexão ética não é, portanto, a natureza do desejo ou do prazer. A aposta concerne mais à definição das formas de controle da força do que à dinâmica desejo-prazer-ato desencadeada. E os princípios de análise e de regulação dessa força desdobrar-se-ão em dois eixos paralelos, que já examinamos parcialmente, no tocante à análise do regime em geral: a busca de uma justa medida contra qualquer dispersão inútil do sêmen-substância vital; a preservação, em sua conduta sexual, de uma postura adequada à sua posição social – ou seja, no que diz respeito ao homem adulto, sempre a valorização exclusiva dos atos sexuais nos quais ele desempenha um papel ativo e viril. É em torno do ato masculino que se definem, ao mesmo tempo, o valor ético da atividade sexual e os riscos que ela acarreta.

Encontra-se, no âmago da experiência sexual dos gregos e da relação com o corpo, um "esquema ejaculatório" (*UP*, p.146). Ele regula e explica a preocupação em face dos prazeres do amor. Se de fato o prazer não é essencialmente negativo, visto que interessa "ao corpo e à vida do corpo em geral" (*UP*, p.58), ele depende, ainda assim, de uma *energeia* naturalmente voltada ao excesso. Como a violência do orgasmo o demonstra (espasmo e dispêndio de todo o corpo), o prazer expõe a forças extremas que, ao ultrapassar os limites fixados pela natureza, arriscam, por um lado, destruir a saúde do corpo e a possibilidade de ter uma prole sadia, e, por outro, a relação ativa de domínio que todo bom cidadão e chefe de família deve possuir em relação a si próprio e aos outros. A inquietude ética diante da atividade sexual é uma precaução de saúde, mas ela também justifica todo um conjunto de exercícios. É preciso se dedicar aos meios de preservar, zelar, bem utilizar a força do corpo e, em particular, a *vis* sexual na qual a energia do corpo se concentra. É preciso saber dominar seus próprios prazeres segundo sua idade, seu estado de saúde e os diferentes momentos do ano ou do dia, caso se deseje obter uma boa prole. É preciso sobretudo mostrar-se capaz, através da forma que se concede à sua vida corporal e sexual, de uma soberania em relação a si, que constitui o único modo de

MICHEL FOUCAULT   63

poder governar adequadamente os outros e desempenhar assim seus deveres políticos como cidadão da *polis*. A dietética instaura uma relação agonística no que se refere a si próprio, uma relação consigo sob a forma de um combate e de um treinamento que visam a estabelecer um estado de rígida dominação sobre seu corpo e seus pensamentos, e a consolidar, por conseguinte, a capacidade de ser plenamente sujeito na vida social e política. O homem que controla seu corpo e seus prazeres liberta-se da escravidão da passividade. Ele atinge o mais alto grau de "uma liberdade percebida como jogo de poder" (*UP*, p.277). Compreende-se agora por que o regime dos prazeres, através do regime do corpo, possui uma importância tão fundamental para o homem grego. Ele condiciona a força, a vida, a liberdade dos indivíduos.

Em *O uso dos prazeres*, Foucault afirma que "haveria de ser feito todo um estudo histórico acerca do 'corpo de prazer' e suas transformações" (*UP*, p.50, n.1). O corpo que ele esboça através da análise da dietética e do regime dos *aphrodisia* gregos constitui, sem dúvida, uma aba dessa história: um corpo *energeia*, fonte de uma força ao mesmo tempo natural e perigosa; um corpo associado a um "esquema ejaculatório" que deve conservar uma posição de dominação, mas também preservar-se do dispêndio violento; um corpo atlético e agonístico, que implica uma disputa consigo e com os outros a fim de afirmar sua primazia sociopolítica; um corpo "heautocrático", que se apodera dele próprio por meio de toda uma ascética de si sobre si; um corpo "assimétrico", viril, fundado em torno do primado da penetração, e que desqualifica os objetos do prazer (as mulheres e, de um modo mais problemático, os rapazes); um corpo essencialmente político, no qual o cuidado dietético é convocado a manifestar e edificar o brilho de uma vida bela, livre, apta a governar. O corpo grego é um corpo através do qual cada um se constitui enquanto sujeito ético, mestre de sua própria conduta sexual, social e política.

Medicina e cuidado de si: o corpo resistente

Na época helenística e romana, desenvolve-se em torno do corpo um novo campo de inquietude, "uma atenção cada vez mais vigilante com o corpo" (*SS*, p.126). Não se trata, contudo, de uma mudança radical de paradigma. Na verdade, no que diz respeito ao mundo greco-romano dos primeiros séculos de nossa era, Foucault descreve três dimensões de uma reelaboração do regime do corpo: uma intensificação da relação consigo; uma desconfiança acompanhada de uma crescente preocupação em relação aos prazeres sexuais; uma insistente problematização das relações entre corpo e alma, que suscitará um paradoxal apelo – ser mais vigilante no tocante à sua vida carnal, com o intuito de melhor canalizar sua existência espiritual. Tais vetores de transformação são identificáveis na generalização de uma percepção médica da relação consigo. A medicina se constitui como paradigma não apenas para as técnicas do corpo, como também, de modo mais geral, para tal relação. No momento em que as artes de si adquirem sua extensão máxima, elas se refletem como *terapia* da alma. Um mesmo domínio de objetos atravessa o cuidado médico da alma e do corpo: a paixão (*pathos*), energia físico-espiritual, elemento de comunicação e de influência recíproca entre o corpo e a alma. Filosofia, técnicas de si e medicina do corpo não cessam de convocar-se mutuamente, sob a dominante injunção do cuidado de si.

Essa intensificação da relação consigo acarreta uma reconsideração do corpo. Inicialmente ele encontra-se integrado, de pleno direito, à prática filosófica da existência. Em autores como Sêneca, Musônio Rufo, Epicteto, Élio Aristides etc., a categórica distinção entre ocupação vulgar do corpo e cuidado filosófico da alma, operada por Platão em *Alcibíades*, se confunde. O novo alvo das técnicas de si é uma "imbricação psíquica e corporal" (*HS*, p.104), um entrelaçamento do pensamento e do corpo. Mas se o corpo se torna esse elemento-chave do cuidado de si, é porque ele é igualmente percebido como fraco, valetudinário, necessitando de cuidados e atenções. Ele exige uma vigilância distinta das precauções do regime ou de

MICHEL FOUCAULT 65

outros esforços do treinamento militar na Grécia clássica, quando a dietética se encontrava integrada à *paideia* dos filhos de boa família.

No centro das recomendações helenísticas e romanas, já não encontramos essa corporeidade atlética, símbolo de uma juventude promissora, mas um corpo adulto, potencialmente doente: "um corpo frágil, ameaçado, minado por pequenas misérias e que, em troca, ameaça a alma mais por suas próprias fraquezas do que por suas exigências excessivamente vigorosas" (*SS*, p.73). A atenção com o corpo origina-se de uma desconfiança difusa.

Essa nova preocupação ético-médica do corpo encontra seu catalisador no envolvimento existente entre o corpo e a alma, envolvimento que atravessa a cultura de si. O corpo é frágil, mas seus excessos e fraquezas representam, precisamente, um perigo para a firmeza da alma. E as desordens da alma, caso não dominadas, adoecem o corpo. Será preciso, então, concentrar sua vigilância no ponto de comunicação entre o corpo e a alma, geralmente as paixões. Mas o problema não será, como era o caso na cultura clássica, consolidar o regime do corpo através do exercício da alma, e vice-versa. Ao *se confundirem* as dinâmicas do corpo e da alma, é o sujeito, em sua totalidade psicofísica, que não deverá se deixar levar pela passividade. Para atingir a autonomia e a independência soberanas do sábio, é necessário saber até que ponto as fragilidades do corpo podem estimular as fraquezas da alma. A afirmação de que o aumento das recomendações éticas referentes ao corpo encontra seu lugar em uma cultura de si que ostenta a indiferença em relação ao corpo (ver a proposição estoica segundo a qual os sofrimentos físicos não constituem males verdadeiros) não passa de um paradoxo superficial.

A soberania de si sobre si (heautocracia) permanece uma finalidade ética essencial. Mas ela deve aprender a constituir-se levando em consideração um corpo que já não é potência excessiva a moderar, mas fonte perpétua de passividade. As técnicas do corpo deverão, portanto, pô-lo à prova, a fim de conferir-lhe uma dupla orientação: a defesa da alma e o gozo austero de si. O corpo deve tornar-se, inicialmente, a "muralha" de um si que é, ele próprio, compreendido enquanto "cidadela guarnecida", enclave protegido

66 ARIANNA SFORZINI

capaz de resistir às adversidades do acaso. Em *A hermenêutica do sujeito*, Foucault retoma, com o intuito de deslocá-la, a metáfora pitagórica citada por Platão no *Crátilo*:[5] o corpo como "contorno da alma". "Não o corpo como prisão ou túmulo da alma que ele encerra, mas, ao contrário, como um *peribolon tês psukhês* (um contorno para a alma) *hina sôzêtai* (a fim de que a alma seja salva)" (*HS*, p.175). O fortalecimento do corpo deve tornar o indivíduo mais impermeável aos ataques e aos perigos externos. Apesar disso, o sujeito não é induzido a erigir para si uma solidão apática por trás das muralhas do corpo. É preciso conceber, na verdade, uma forma de apropriação de si, fonte de felicidade e de liberdade. O domínio de seu corpo torna o sujeito completamente *sui juris*: ele está "em si", em seu próprio gozo, tanto no sentido do uso legítimo, completo, quanto no da intensa felicidade. A ascética, esse conjunto constituído pelos exercícios do corpo, é o caminho de plenitude da relação consigo, solicitando não mais um "corpo atlético, investimento ou ponto de aplicação da ascese física ou físico-moral, mas um corpo de paciência, um corpo de resistência, um corpo de abstinências" (*HS*, p.409).

Essa relação com o corpo se prolonga e se detalha nas técnicas de regulação da atividade sexual. O regime dos prazeres permanece, na época helenístico-romana, um domínio essencial de problematização ética, estruturado segundo três direções: uma concepção médica dos *aphrodisia*; a determinação de um regime da sexualidade; a reconfiguração das relações entre o corpo e a alma naquilo que diz respeito aos atos sexuais – implicando um jogo inédito, decisivo para a história do sujeito ocidental, entre o desejo, o prazer e as imagens. O regime dos prazeres define, na Roma imperial, um campo de reflexão e de intervenção médicas. Ainda estamos, todavia, longe dessa patologia do sexo que o século XIX descreverá. Trata-se simplesmente de reconhecer, no ato sexual, um núcleo *patético*: de passividade e de doença. Referindo-se aos textos de Galeno, Foucault

---

5 "[Para os órficos] a alma expia as faltas pelas quais é punida, e [...] para conservar-se (*sôzêtai*), ela possui como contorno este corpo que representa uma prisão", Platão, *Cratyle*, 400c, em *Œuvres complètes*, t.V, 2.parte, p.76.

MICHEL FOUCAULT 67

reencontra aquilo que, no *Uso dos prazeres*, ele havia denominado o esquema ejaculatório, assim como a relativa valorização dos prazeres que resulta disso. O ato sexual encontra-se perfeitamente inscrito em mecanismos psicofisiológicos necessários. Sua naturalidade o torna, por conseguinte, imune a uma reprovação sistemática. Ele manifesta, ao contrário, uma saúde do corpo: o sêmen masculino é fonte de energia para o corpo e para a alma, ele é a potência que transmite a vida e representa a primazia natural e social do macho. No entanto, exatamente porque põe em questão a essência vital do corpo, o ato sexual é arriscado. Ele expõe ao risco de esgotamento e pode representar uma via de acesso para as doenças convulsivas, a exemplo da epilepsia, como creem certos médicos. Em face desses perigos, as recomendações de regime permanecem inalteradas. Trata-se, sempre, de constituir-se como sujeito de um governo estratégico do prazer. Nada de prescrições gerais e absolutas, mas um exame diferencial das circunstâncias da atividade sexual (finalidade procriadora, idade dos parceiros, determinação do *kairos*, análise dos temperamentos individuais). O ponto crucial de transformação encontra-se em outra parte: na localização de uma dinâmica entre o ato, o desejo, a imaginação e o prazer. Foucault constata que, embora a dietética helenístico-romana dos prazeres pareça solicitar um corpo reduzido a suas leis de funcionamento e suas possibilidades patológicas, a intervenção da alma revela-se essencial. É a ela que incumbe a tarefa de submeter o corpo ao regime justo e razoável. Para atingi-lo, ela deverá impor-se um trabalho perpétuo, a fim de libertar-se dos erros, dos desejos imoderados, dos hábitos nocivos. Ela deve "corrigir-se para poder conduzir o corpo segundo uma lei que é a do próprio corpo" (SS, p.158). Tal trabalho compreende três grandes dimensões: uma "animalização da *epithumia*" (SS, p.160); uma associação do prazer às solitárias necessidades do corpo; uma desconfiança em relação às imagens, e a organização, por conseguinte, de "toda uma técnica da imagem [...] favorável e contrária ao amor" (SS, p.163).

A tese inicial de Foucault continua sendo a de que, na Antiguidade, a partir do momento em que o desejo e o prazer são

68 ARIANNA SFORZINI

reconhecidos como elementos dos *aphrodisia*, não há como se esquivar deles. No entanto, a medicina e a filosofia greco-romanas atribuir-se-ão a tarefa de reduzi-los a seu núcleo de funcionamento elementar. Adotando-se o exemplo dos animais, deve-se então entregar-se às relações sexuais em função da simples "exigência de evacuação", da necessidade de purgar-se dos humores que embaraçam o corpo e acabam por obnubilar o espírito. O desejo deve ser restituído ao quadro de uma pura "física das excreções" (*SS*, p.160), e o prazer compreendido como o simples acompanhamento do ato. A masturbação higiênica torna-se a forma ideal da atividade sexual, um gesto de pura evacuação. O desejo e o prazer não são desacreditados, mas há um esforço para reduzi-los, limitá-los e até mesmo considerá-los, em último caso, como inúteis, e além de tudo nocivos ao próprio ato sexual. Sócrates, antigamente, não tinha por propósito ético o não desejo de Alcibíades, mas um domínio de si suficiente para não sucumbir a esse ardor carnal que poderia comprometer a qualidade de uma relação pedagógica. Epicteto, por sua vez, empenha-se em neutralizar o próprio desejo, exercitando-se, por exemplo, para nem mesmo desejar belas mulheres ou formosos rapazes encontrados ao acaso.[6] A desconfiança dos médicos em relação às imagens (*phantasiai*) atesta essa reorientação em relação à instância desejante. O vocábulo *phantasia* é amplo, abrangendo todas as representações que podem alimentar o desejo para além de suas exigências elementares. Portanto, para uma conduta sexual boa e comedida, dever-se-á recorrer a uma "técnica" das imagens, uma estratégia de "luta contra as imagens internas ou externas" (*SS*, p.163). O regime sexual do corpo, que outrora consistia em um uso regulado dos prazeres (*khrêsis aphrodisiôn*), implicará progressivamente um exame e uma observação permanente de si, sinalizando, à distância, a hermenêutica cristã da carne.

No que diz respeito a esse ponto, as últimas análises do curso proferido por Foucault em 1981 (*Subjetividade e verdade*), no Collège de

---

6 Ver Epicteto, *Entretiens*, t.III, livro III, 3, 14-19, p.18. Ver Foucault, *Subjectivité et Vérité. Cours au Collège de France. 1980-1981*, p.269.

MICHEL FOUCAULT 69

France, são extraordinárias. Ele defende, naquela ocasião, uma tese surpreendente, ao considerar que a cultura helenístico-romana de si desarticula o conceito dinâmico, complexo, porém global de *aphrodisia*, entendido na Grécia clássica como esta unidade de "corpo, alma, prazer, desejo, sensação, mecanismo do corpo".[7] Nos primeiros séculos de nossa era, esses elementos serão intimados a separar--se, dissociar-se, a fim de melhor evidenciar, em sua centralidade, a instância do desejo (*epithumia*). Ocorrerá, em torno do desejo, um redirecionamento da relação que o sujeito da atividade sexual estabelece de si para consigo. Mas esse desejo já não é concebido como o elemento de uma prática de *khrêsis*, e sim como uma dimensão fundamental do indivíduo, o princípio de uma relação permanente consigo, através da relação com seu sexo.[8] A questão da sexualidade já não diz respeito a um ato que compreende uma unidade indissociável de desejo e prazer (quando e como fazer amor?), mas a uma pura tensão interna ("eu desejo?").[9] Sem se confundir ainda com a concupiscência cristã, a *epithumia* (o *desiderium*), assim isolada, suscita então uma primeira figura de *objetivação* de si: "a primeira agulhada"[10] de uma relação consigo, sob a forma de um decifrar suspeito. Foucault, ao formular a questão do custo dessa reestruturação da relação consigo em torno da *epithumia*, defende que tal "emergência do desejo" é feita "à custa do afastamento ou da relativa neutralização do ato e do prazer, do *corpo* e do prazer".[11]

Reencontraríamos aí, facilmente, uma ambiguidade já suscitada a propósito de *A vontade de saber*. O corpo se mantém ao lado do prazer, como algo sempre esquecido ou rechaçado da construção moderna do sujeito, ao passo que o desejo seria "o transcendental histórico a partir do qual podemos e devemos pensar a história da

---

7 Ibid., p.291.
8 Ibid., p.288: "Portanto: subjetivação da atividade sexual, ou passagem de uma subjetivação que tinha a forma de atos para uma subjetivação em forma de relação permanente de si para consigo".
9 Ibid., p.292.
10 Ibidem.
11 Ibidem (grifos da autora).

70 ARIANNA SFORZINI

sexualidade".[12] Mas o corpo realmente permanece como algo inferior e excluído? A menos que ele constitua uma potência de transformação, atravessando diagonalmente a história.

A assimilação dos *logoi*: o corpo de verdade

As antigas práticas de cuidado do corpo operam em um duplo registro, privilegiando certamente um domínio particular (os *aphrodisia*), porém implicando, de modo mais geral, o *bios*, a forma a ser atribuída à sua existência. É possível então determinar técnicas de sabedoria que, através de exercícios (*askêseis*), consistirão em tarefas de "incorporação" dos *logoi* filosóficos, engajando o corpo de maneira estrutural com o intuito de engendrá-los. O corpo, agora, já não é investido levando-se em conta uma conduta sexual apropriada, mas a realização de uma vida justa e feliz.

A *askêsis* pode ser compreendida como o conjunto das técnicas através das quais um indivíduo constitui-se e transforma-se, buscando essa transfiguração de si que, na cultura antiga, não é preparação para uma salvação supraterrena, mas relação imanente de liberdade e felicidade, relação que se pratica consigo. A *askêsis* acompanha a *mathêsis* (conhecimento), como se houvesse duas vias (a teórica e a prática) em direção à sabedoria. No entanto, a ascética devota-se à verdade, confundindo assim a distinção entre teoria e práxis. De fato, o problema não é somente conhecer a verdade, contemplá-la intelectualmente, mas praticá-la, ressaltá-la no *bios*. Em *A hermenêutica do sujeito*, a fim de explicar a significação da *askêsis* na época helenístico-romana, Foucault reporta-se ao termo *paraskeuê* (em latim: *instructio*),[13] que designa tanto uma preparação, um treinamento para adversidades, quanto um equipamento de socorro para enfrentá-las. E é a própria verdade que deve atuar como *paraskeuê*, aprendizagem e luta. A verdade é "uma espécie

---

12 Ibid., p.293.
13 Ver *HS*, p.306 *sq.*

MICHEL FOUCAULT 71

de força magnética que [nos] atrai em direção a um objetivo", "uma força vitoriosa, irrefreável".[14] Tal verdade-equipamento é constituída de *logoi*, esses discursos-verdadeiros que são instrumentos de combate. Seu valor não reside em seu conteúdo de verdade, em seu caráter de evidência ou em seu rigor demonstrativo, mas em sua capacidade de instruir as ações, os gestos, a postura de quem eles habitam. Os *logoi* das escolas filosóficas helenísticas e romanas não se reduzem a simples preceitos aos quais seria preciso *ajustar*, exteriormente, a própria conduta, de modo a agir conforme o necessário. Eles devem ser *assimilados* para traduzirem-se em princípios de atividade inscritos no corpo. "Enunciados materialmente existentes" (*HS*, p.308), os *logoi* são operadores físicos de ação – "*gnômai*", fragmentos de verdade que unem de modo indissociável o conhecimento e a vontade.[15] "A partir do momento em que se encontram [...] presentes na cabeça, no pensamento, no coração, no próprio corpo de quem os detém" (*HS*, p.309), podem ser reativados em caso de necessidade e estruturam a atitude geral do sujeito no mundo. O valor primordial da verdade é ser *etopoiética*, afirma Foucault, retomando uma expressão de Plutarco:[16] uma verdade que se faz *êthos*, que transforma o *êthos*, a maneira de viver, a modalidade de ser do sujeito. A verdade deve ser literalmente incorporada ao longo de um processo de assimilação que "transforma a coisa vista ou ouvida 'em forças e em sangue' (*in vires, in sanguinem*)".[17] Os *logoi* constituem literalmente um

---

14 *OHS*, p.49.

15 "O termo *gnômê* designa a unidade da vontade e do conhecimento; ele designa também uma curta frase por meio da qual a verdade aparece em toda sua força e se crava na alma das pessoas. [...] O tipo de sujeito que é proposto como modelo e como objetivo na filosofia grega, helenística ou romana é um eu gnômico, no qual a força da verdade e a forma da vontade constituem uma só coisa" (*OHS*, p.50).

16 "A beleza moral [...] não forma os costumes (*êthopoioun*) de quem a contempla apenas por imitação, mas determina nossas resoluções através do conhecimento prático da vida ativa", Plutarco, "Périclès", 153b, em *Vies*, t.III, 2, 4, p.15.

17 Foucault, "L'écriture de soi", *DE II*, texto n.329, p.1241. Foucault cita trechos de uma carta de Sêneca a Lucílio. Ver Sêneca, *Lettres à Lucilius*, t.III, livro XI, carta 84, § 6-7, p.123: "Os alimentos absorvidos [...] tornam-se força e sangue

72 ARIANNA SFORZINI

"corpus" de discursos verdadeiros, que deve ser compreendido "não como um corpo de doutrina, e sim – de acordo com a metáfora tantas vezes evocada da digestão – como o próprio corpo daquele que [...], ao transcrever suas leituras, delas se apossou, transformando em sua a verdade que elas continham".[18]

A fim de ilustrar tal incorporação, podemos distinguir, em Foucault, dois regimes de exercícios: os exercícios de apropriação dos *logoi*, que exigirão do corpo uma atitude propícia a facilitar o aprendizado; os exercícios de ativação dos *logoi* (o *gumnazein*), nos quais o corpo será engajado como elemento prático de uma prova real. De início, o corpo encontra-se localizado no centro das práticas de ensino e de direção, no eixo das técnicas espirituais de escuta, fala e escrita. A aquisição da verdade pressupõe, de fato, uma boa escuta do mestre, escuta que demandará posturas físicas adequadas. Na cultura antiga do corpo, qualquer movimento desordenado, descontrolado e desgovernado é o símbolo de uma alma perturbada e escrava das paixões. Portanto, uma atitude silenciosa e imóvel é exigida do aluno.[19] "A plástica do corpo, a estatuária do corpo imóvel, tão imóvel quanto possível, é muito importante [...] como garantia da moralidade" (*HS*, p.327). O discípulo segue a palavra do mestre, manifestando sua compreensão através de uma "microssemiótica do corpo": pequenos gestos da cabeça e das mãos, sorrisos, movimentos dos olhos. Essa boa escuta, materializada por meio de uma atitude adequada, deverá ser complementada por exercícios de escrita

---

(*in vires et in sanguinem transeunt*). Procedamos do mesmo modo em relação ao nutriente do espírito. Não soframos quando nada daquilo que entra em nós permanece intacto, por medo de que ele jamais seja assimilado. Digiramos a matéria: caso contrário, ela entrará em nossa memória, não em nossa inteligência".

18 Foucault, "L'écriture de soi", p.1241.

19 Exigências distintas atravessam o corpo do mestre. Aquele a quem incumbe a tarefa de dizer a verdade deverá, evitando os perigos da adulação e do despotismo, manifestar em sua própria vida as verdades que transmite, os modelos de sabedoria que propõe, as virtudes que defende. Seu corpo deverá ser o brasão dessas coisas. Essa "ética da palavra" (*HS*, p.132) está contida na virtude de *parrêsia*, a saber, na sinceridade, na coragem de tudo dizer, autenticadas por um modo de vida em harmonia com os princípios afirmados.

(copiar os preceitos de verdade, elaborar para si coletâneas de citações selecionadas) que representam um outro momento dessas práticas de incorporação dos discursos verdadeiros. A escrita paciente e meticulosa ajuda a verdade "a implantar-se no corpo, a tornar-se como que uma espécie de hábito ou, em todo caso, de virtualidade física" (*HS*, p.342).

Em seguida, a *askêsis* envolve outros exercícios que buscam, dessa vez, ativar os *logoi* em situação real. Essas técnicas concretas de si recebem o nome de *gumnasia*, e correspondem, para Foucault, à ascética no sentido mais estrito: "uma prova 'real', uma maneira de confrontar-se com a própria coisa, assim como nos confrontamos com um adversário para saber se somos capazes de resistir a ele ou de sermos o mais forte" (*HS*, p.339). Justamente por se desenvolver "em situação real", o *gumnazein* solicita diretamente o corpo. Tais técnicas de realização corporal compreenderão ao mesmo tempo abstinências e provas. As abstinências permitem estabelecer uma relação direta e concreta de dominação de seu corpo. O treino de privações – jejum, exposição ao frio ou ao calor extremos, renúncia a qualquer forma de luxo ou comodidade – é um meio de atingir, segundo a descrição de Musônio Rufo,[20] as duas virtudes da coragem (*andreia*) e da temperança (*sophrôsunê*), sob uma forma que permanece a de uma estilização livre de sua existência, e não a da submissão a proibições externas. No que lhes concerne, as provas representam um contrato-desafio que se assume consigo a fim de saber se é possível atingir um certo grau na escala da sabedoria. Caso se deseje lutar contra o desagradável hábito de arrebatamentos coléricos intempestivos, a prova consistirá em comprometer-se consigo a não se encolerizar durante um determinado período, que será prorrogado em seguida (um dia, uma semana, um mês etc.), até neutralizar em si o consentimento passivo com a fúria. Essas práticas, decisivas no estoicismo, permitem vislumbrar que, no fim das contas, *toda a existência* pode ser considerada como uma prova (tema que reencontraremos mais particularmente no cristianismo, em Hegel etc.).

---

20 Ver Musônio Rufo, *Peri askēseôs*, em *Reliquiae*, p.22-7.

74 ARIANNA SFORZINI

Todas essas técnicas de assimilação dos *logoi* verdadeiros, toda essa panóplia de exercícios de si, engajam uma concepção singular da verdade: é a verdade-arma, a verdade-postura, a verdade-prova. Essas práticas de vida pressupõem, sem dúvida, uma verdade discursiva que deve ser aprendida ou posta em prática. Mas existe uma passagem, em último caso, que evidenciará uma veridicção do *próprio corpo*, tornando-se de pleno direito o suporte de uma manifestação da verdade (*alèthurgie*).[21] A perfeição da sabedoria se dá quando já nem há o que se ensinar através dos discursos, pois o corpo do sábio tornou-se um elemento de transparência no qual os enunciados de verdade podem ser lidos e provados, silenciosamente e em toda sua clareza. O ideal seria "mostrar o pensamento em vez de falar".[22] Sêneca, dirigindo-se a Lucílio, escreve: "Se fosse possível, adoraria deixar-te ver meus pensamentos em vez de traduzi-los em linguagem (*Si fieri posset, quid sentiam, ostendere quam loqui mallem*)".[23] O filósofo pode então dizer: "contemplem minha vida, observem meu corpo", em vez de "escutem o que tenho a vos dizer".

Vista desse ângulo, a *parrêsia* (em latim, *libertas*), o tudo dizer, o falar a verdade, é algo mais do que uma exigência de franqueza do mestre em relação ao discípulo (ele lhe *deve a verdade*, se realmente quiser ajudá-lo), ou do que um gesto de coragem do mais fraco em direção ao mais forte. Ela é também a provocação "ostensiva" da verdade no corpo. Quem possuir a coragem do dizer-verdadeiro, aceitando os perigos dos efeitos de sua palavra, faz da verdade uma intensidade física. Tal intensidade adquire a forma do risco de morte, mas também da encarnação do verdadeiro na radicalidade escandalosa de uma existência diferente, como nos cínicos, que se

---

21 "Forjando a partir de ἀληθουργής (o verídico) a palavra fictícia *alêthourgia*, a aleturgia, poderíamos denominar 'aleturgia' o conjunto de procedimentos possíveis, verbais ou não, pelos quais se traz à tona o que é posto como verdadeiro por oposição ao falso, ao dissimulado, ao indizível, ao imprevisível, ao esquecido, e poderíamos dizer que não há exercício do poder sem algo como uma aleturgia" (*GV*, p.8).

22 Foucault, "*La Parrêsia*", Anabases 16 (2012), p.181.

23 Sêneca, *Lettres à Lucilius*, t.III, livro IX, carta 75, § 2, p.50.

deixam reconhecer mais por uma maneira de viver do que por um conteúdo de doutrina. A *parrêsia* não é exatamente um dizer, ou um demonstrar por meio de um discurso, mas antes um *mostrar*: uma "dramatização material, física, corporal" (*CV*, p.236) da verdade. A própria existência cínica não é nada além de "uma maneira de tornar visível, nos gestos, nos corpos, na maneira de se vestir, na maneira de se conduzir e de viver, a própria verdade" (*CV*, p.159).

Confissão, luxúria, deleite: o corpo-carne

Através da história da sexualidade, Foucault pretende, de modo geral, perguntar-se em qual momento, sob quais formas e por meio de quais modificações nas estruturas político-discursivas, a sexualidade se tornou "o sismógrafo de nossa subjetividade".[24] O estudo dos *aphrodisia* gregos tornou possível a abertura do campo das técnicas de si, irredutíveis à hermenêutica introspectiva. Mas, do cristianismo a Freud, o desejo sexual constitui aquilo por meio do qual o homem é convidado a se procurar e a se descobrir em uma "espiral infinita de verdade e de realidade do si".[25] O homem sexual da modernidade se compreende como um *sujeito da concupiscência*, atravessado por uma multiplicidade de afetos, de voluptuosidades surdas e de desejos dissimulados que escapam consideravelmente ao domínio da vontade ou da consciência, mas cuja investigação solitária, íntima e indiscreta permite ao sujeito aspirar à verdade.

Tal entrelaçamento de verdade e de desejo em torno do sujeito constitui o que Foucault denomina a experiência cristã da *carne*. De *A carne e o corpo*,[26] primeiro livro não publicado cujo manuscrito foi

---

24 Foucault, "Sexualité et solitude", *DE II*, texto n.295, p.991.

25 Ibidem.

26 Na "Cronologia" estabelecida para a edição dos *Ditos e escritos*, Daniel Defert revela que *A carne e o corpo* (o segundo volume da *História da sexualidade*, conforme o projeto anunciado quando do lançamento de *A vontade de saber*) apresentava-se como "uma genealogia da concupiscência através da prática da confissão no cristianismo ocidental e da direção de consciência, tal como ela se

76 ARIANNA SFORZINI

em parte destruído, até *As confissões da carne*,[27] quarto volume, ainda inédito,[28] da *História da sexualidade* em sua última versão, esse tema da carne é estudado por Foucault, certamente de maneira descontínua, ao longo de seus dez últimos anos de pesquisa. É esse trabalho que o faz vislumbrar uma história crítica das implicações entre as ontologias do si e as obrigações de verdade.

Embora ainda não tenhamos à disposição o conjunto dos textos foucaultianos acerca da carne, é possível, por intermédio dos cursos do Collège de France e de alguns escritos "periféricos" dos anos 1970 e 1980 (entrevistas, seminários, conferências etc.), estabelecer suas principais articulações. A primeira grande análise acerca da carne é apresentada no curso sobre *Os anormais*. Durante as lições de 19 e 26 de fevereiro de 1975, partindo do problema da relação entre sexualidade e anormalidade no discurso psiquiátrico, Foucault esboça uma breve genealogia da injunção ocidental e moderna de uma enunciação da própria sexualidade. A confissão cristã, em particular a forma que ela adquire no século XVI, na era da Reforma e da Contrarreforma, constitui evidentemente um momento decisivo dessa história. Testemunha-se então a emergência de um novo modo de expressar o pecado da luxúria e o sexto mandamento (não cometerás adultério). Demanda-se constantemente ao pecador que ele faça a confissão de sua sexualidade. No entanto, tal confissão já não é filtrada pela lei e pela relação, mas pelo corpo e seu desejo. Antes do Concílio de

---

desenvolve a partir do concílio de Trento", Defert, "Chronologie", *DE I*, p.73. Uma primeira versão do texto é concluída provavelmente no início de 1978, mas Foucault começara a problematizar a questão da carne desde a metade dos anos 1970 (ver o curso *Os anormais*, 1974-1975). Para uma reconstituição detalhada da história e do estado do manuscrito, ver Chevallier, *Michel Foucault et le christianisme*, em particular as p.149-50.

27 No texto da contracapa anexado à primeira edição do *Uso dos prazeres* e do *Cuidado de si*, Foucault apresenta essa obra – na qual ele trabalhará até sua morte – como um estudo "da experiência da carne nos primeiros séculos do cristianismo, e da função que a hermenêutica e o deciframento purificador do desejo aí assumem".

28 *Les aveux de la chair* (As confissões da carne) veio a ser publicado em 2018, pela Gallimard. (N. T.)

MICHEL FOUCAULT **77**

Trento, o questionamento confessional dos pecados baseava-se nas transgressões das regras que codificavam os atos segundo sua natureza, e as pessoas segundo seu estatuto. Havia uma forma permitida de ato sexual, a que ocorria entre um homem e uma mulher unidos pelo matrimônio (com algumas limitações adicionais: a mulher não deve estar grávida, contracepção proibida etc.). Qualquer relação sexual realizada fora desse cenário era considerada transgressiva, conforme um catálogo diferencial dos atos proibidos em função de suas modalidades e dos parceiros (adultério, estupro, incesto, sodomia, bestialidade etc.). As novas técnicas de confissão pós-tridentinas aplicar-se-ão, antes, ao próprio corpo do pecador. São "seus gestos, seus sentidos, seus prazeres, seus pensamentos, seus desejos, a intensidade e a natureza do que ele próprio sente" (*AN*, p.173) que deverão ser revelados ao confessor, ou que este deverá desalojar através de uma exploração inquisidora do corpo. O quadro de leitura já não é a codificação jurídica das infrações (o que você fez e com quem?), mas as dobras dos desejos e do corpo (o que você sentiu e de que modo?). Como se pode observar em um fragmento recuperado do manuscrito de *A carne e o corpo*, existem duas construções culturais da concupiscência: a primeira associada à lei, à relação e ao ato da poluição; a segunda associada ao corpo e ao prazer que o corpo pode proporcionar a si mesmo. A identidade formal do próprio termo concupiscência dissimula uma transformação essencial ocorrida no momento da Contrarreforma, transformação que provoca a passagem "de um *sistema* jurídico-penitenciário centrado na emissão de sêmen e nas consequências que isso desencadeia em um conjunto de relações, a um outro *sistema* [...] centrado no deleite, com suas múltiplas determinações no corpo e na alma".[29]

A confissão, assim reconfigurada, produz uma "fixação da carne no corpo" (*AN*, p.175), com o corpo do penitente sendo simultaneamente começo e fim da confissão. O corpo é o suporte fisiológico

---

29 Foucault, *La chair et le corps*, fragmento do manuscrito da primeira versão do segundo volume de *História da sexualidade*, citado por Chevallier em *Michel Foucault et le christianisme*, p.149.

78 ARIANNA SFORZINI

do carnal. Sua sensualidade, suas cobiças e os prazeres que ele proporciona a si mesmo constituem o foco, por excelência, da luxúria. Sua massa "substancializa-se" em uma carne múltipla, voluptuosa, um conjunto de intensidades dependentes de um complexo jogo de consentimentos voluntários e de movimentos involuntários. Esse corpo, capturado pelo turbilhão da carne, "volatiliza-se, pulveriza-se em uma multiplicidade de poderes que se enfrentam um aos outros, de forças, de sensações que o assaltam e o atravessam" (*AN*, p.192-3). Mas o corpo também representa um espaço liso no qual os impulsos carnais se distribuirão. O catálogo dos pontos de sensibilidade desenha uma "cartografia pecaminosa" (*AN*, p.174) que o confessor deverá cuidadosamente percorrer e descobrir, detalhar e revelar ao penitente, precavendo-se para que ele próprio não seja vítima dessa analítica escrupulosa dos prazeres vivenciados. O resultado é a formação de um novo corpo: um corpo-carne, um "corpo de desejo e de prazer" (*AN*, p.189) animado por uma reflexividade sensual, localizado aí mesmo sob a vontade e a consciência, e que deverá ser acossado.

A estrita aplicação do código na confissão medieval (atos ou relações autorizadas/proibidas) é substituída, na Época Clássica, pela vigilância de um "corpo solitário e desejante" (*AN*, p.179), corpo preso em seu desejo, e para o qual a masturbação constitui a forma primordial do pecado e o ponto cego da relação hermenêutica consigo. Nasce então o que Foucault denomina uma "fisiologia moral da carne" (*AN*, p.176), que pode ser considerada como o duplo histórico da anatomia política do corpo útil das disciplinas. Em ambos os casos, o governo do corpo implica uma individualização coercitiva: o domínio da vontade se dá, por um lado, através de um adestramento do corpo, e, por outro, através de uma encarnação do corpo e de um apelo ao desejo. "A carne é a própria subjetividade do corpo, a carne cristã é a sexualidade presa no interior dessa subjetividade, dessa sujeição do indivíduo a ele mesmo."[30]

---

30 Foucault, "Sexualité et pouvoir", *DE II*, texto n.233, p.566.

MICHEL FOUCAULT   79

Mas se essas novas técnicas de direção de consciência surgem certamente no século XVI, substituindo as práticas medievais, as técnicas de verbalização de sua concupiscência possuem, entretanto, uma história ainda mais antiga. A destruição parcial, por Foucault, do manuscrito de *A carne e o corpo* assinala que o período histórico que ele escolhera inicialmente para explorar, "do século X ao XVIII",[31] pareceu-lhe bastante tardio para compreender essa genealogia do desejo. É entre os Padres da Igreja dos primeiros séculos que ele descobre a principal idealização de uma carne irredutível aos *aphrodisia* dos antigos.

Carne e concupiscência: o corpo casto

A construção, por Foucault, de uma experiência da carne na Antiguidade tardia encontra-se em dois textos do início dos anos 1980 (dos quais um constitui o único fragmento disponível, hoje em dia, das *Confissões da carne*)[32] que mobilizam duas grandes referências: Agostinho e Cassiano.[33] Essas figuras inevitáveis da Patrística situam-se no ápice de uma profunda transformação da ética sexual. No âmago do cuidado ético-teológico do sexo já não encontramos os *aphrodisia*, como ato sexual acompanhado de suas condições de desejo e de seus efeitos de prazer, mas apenas a concupiscência, entendida como a "implicação da vontade"[34] na dinâmica sexual. Rapidamente o corpo passa a ser considerado apenas como esse confronto com a vontade. O que está em questão não é o corpo em

---

31 Foucault, "Le jeu de Michel Foucault", p.319.

32 Como mencionado anteriormente, o texto integral de *Les aveux de la chair* já se encontra publicado.

33 Um trecho das *Confissões da carne* consagrado a Cassiano (Foucault, "Le combat de la chasteté", *DE II*, texto n.312, p.1114-27) foi publicado em 1982, no periódico *Communications*, n.35, p.15-25. Para a análise da noção de *libido* agostiniana, reportamo-nos à tradução parcial de um seminário realizado no Institute for the Humanities, da Universidade de Nova York, em 1980: Foucault, "Sexualité et solitude", p.987-97.

34 Foucault, "Le combat de la chasteté", p.1122.

80 ARIANNA SFORZINI

si, mas a carne, no sentido da "subjetividade do corpo" desejante e resistente, com suas pulsões rebeldes e seus movimentos involuntários, até que o eu seja purificado. "O desejo é presumido e, portanto, o corpo se torna o problema."[35] Esse engajamento problemático da vontade na vida corporal dos indivíduos é compreendido, em Agostinho e Cassiano, a partir de duas noções essenciais, a *libido* e a *fornicatio*, e de duas manifestações sexuais "involuntárias", a *ereção* e a *polução*.

De acordo com Santo Agostinho,[36] é a *"libido"*, como "princípio do movimento autônomo dos órgãos sexuais",[37] que constitui um problema. Adão, antes da queda, dispunha de uma capacidade de governo absoluto sobre o conjunto das partes de seu corpo, a ponto de Agostinho admitir a possibilidade de relações sexuais no Paraíso. A condição corporal não é um mal em si, se ela estiver em conformidade com uma vontade justa. O primeiro homem era capaz, então, de possuir uma sexualidade sem pecado, visto que nada, seja do corpo, seja do sexo, escapava ao controle da alma. No entanto, o orgulho e a presunção que provocaram a desobediência e a queda do primeiro homem significaram também a perda desse domínio originário. O homem quis se igualar a Deus, e seu corpo insubordinado encontrou seu símbolo em um sexo ereto. Desse modo, o ponto central da ética sexual já não é, como para os antigos, a penetração, mas a ereção involuntária, a arrogância de um sexo rebelde, que nada mais é que o reflexo da arrogância do homem em relação a Deus. O problema já não é constituir-se soberano de seus atos, mas se purificar das tentações culpáveis representadas pela *libido*, que (no sentido amplo do termo, enquanto cobiça e vontade incontroláveis) se insinua por toda parte, tanto nas ambições sociais quanto no desejo sexual, e precisa ser investigada e controlada. Para Foucault,

---

35 Foucault, "Sexualité et politique", *DE II*, texto n.230, p.527.
36 Ver Santo Agostinho, *La cité de Dieu*, livro XIV, cap.XV-XVI, em *OEuvres de Saint Augustin*, t.XXXV, p.418-27; *Quatre livres de Saint Augustin, évêque d'Hippone, contre Julien, défenseur de l'hérésie pélagienne*, em *OEuvres complètes de Saint Augustin*, t.XXXI.
37 Foucault, "Sexualité et solitude", p.995.

MICHEL FOUCAULT   81

a invenção de Santo Agostinho reside exatamente nessa "verdadeira libidinização do sexo": é necessário não apenas possuir um comportamento sexual de acordo com as leis morais, mas também desconfiar de si e examinar permanentemente os movimentos de sua própria interioridade e vontade. Deve-se suspeitar, constantemente, do "ser libidinal em si".[38]

Encontra-se em Cassiano[39] uma estruturação similar do conceito de carne, mas gravitando agora em torno do conceito de fornicação. Para ele, a fornicação compreende três elementos combinados, que ele sistematiza a partir de uma epístola de Paulo:[40] a *fornicatio* em sentido estrito, o ato sexual entre dois indivíduos (*carnalis commixtio*); a *immunditia*, a saber, a presença em si de pensamentos impuros que excitam o corpo; e finalmente, a *libido*, desejo que inunda a alma.[41] A atenção de Cassiano se concentrará nas duas últimas categorias do pecado da carne (*immunditia* e *libido*), não implicando necessariamente a união carnal. A problematização ética desloca-se em direção "à ideia de uma concupiscência secreta"[42] escondida sob as sensações, os pensamentos e as volições. Assim como em Santo Agostinho, não é uma luta ou uma separação entre o corpo e a alma que constitui o problema, mas uma dialética do voluntário e do involuntário. Por óbvio, a fornicação solicita predominantemente o corpo. Tal qual a gula, esse pecado se insere em uma tendência fisiologicamente inscrita e, portanto, natural. Mas a luta contra a fornicação não visa à aniquilação do corpo. O objetivo do "combate da castidade" é purificar a vida do corpo de tudo o que nele dependa da escravidão dos mecanismos involuntários e das ilusões do desejo. É preciso "sair da carne, permanecendo no corpo (*exire de carne in corpore commorantem*)",[43] o que significa libertar seu corpo da concu-

---

38 Ibidem, p.995-6.
39 Ver Cassiano, *Institutions cénobitiques*, livro VI, p.260-89; *Conférences* (especialmente as de número IV, V, XII, XXII).
40 Ef., 5, 3.
41 Ver Cassiano, *Conférences*, t.I [1955], V, 11, p.200; t.II [1958], XII, 2, p.122-3.
42 Foucault, "Les techniques de soi", p.1629.
43 Cassiano, *Institutions*, VI, 6, p.268-9.

82 ARIANNA SFORZINI

piscência. Ora, o "'analisador' da concupiscência", que assinala sua presença e seu grau de penetração no indivíduo, é a polução noturna.

O homem santo, o indivíduo casto não terá mais poluções, mesmo involuntárias, pois ele afastar-se-á de tudo o que puder provocar, tanto na vigília quanto no sono, a excitação sensual.[44] Ele constituir--se-á como um sujeito de continência ao desembaraçar-se, meticulosa e perpetuamente, das implicações sensíveis da vontade.

No cerne dessa elaboração da noção cristã de carne na Antiguidade tardia,[45] três enunciados são essenciais: a carne não implica uma recusa ao corpo; ela põe em questão processos de transformação do corpo radicalmente diferentes das antigas técnicas de si; ela desenvolve uma relação bastante complexa e, em último caso, conflituosa com uma ascética do corpo. As análises de Cassiano e Agostinho já haviam sugerido que a moral sexual do cristianismo não pressupõe nem uma separação definitiva do corpo e da alma, nem um desprezo radical e sistemático do corpo. Diferenciando-se das correntes gnósticas que exigem a completa renúncia ao mundo, o cristianismo dos primeiros séculos não exige que a vida da alma passe pelo sacrifício do corpo. É necessário aprender a viver em seu corpo, mas purificando o seu interior. Essa escolha de moderação envolve motivações políticas: trata-se de adaptar a desconfiança em face dos prazeres sexuais às exigências da sociedade civil romana, particularmente as do casamento e as da reprodução. Nem a carne nem o corpo podem ser integralmente renunciados. Devem apenas representar um risco perpetuamente provável de queda. Essa tentação contínua justifica a instauração de procedimentos de controle dos indivíduos, procedimentos que retomam e consolidam os imperativos já elaborados pela cultura helenístico-imperial (monogamia, pudor, finalidade restrita da atividade sexual etc.). "A concepção muito difícil, aliás muito obscura, da carne"[46] assegura uma captura de poder por meio da vigilância dos corpos.

---

44 Ver Cassiano, *Conférences*, t.II, XII, 7-8, p.131-5.
45 Ver o texto de Brown, *Le renoncement à la chair*.
46 Foucault, "Sexualité et pouvoir", p.565.

MICHEL FOUCAULT 83

Para atingir essa virtude de continência é preciso impor-se técnicas diferentes das que estruturavam o cuidado de si greco-romano. De fato, a conversão "faz que vivamos nesse mundo uma vida que não é desse mundo".[47] Ela implica uma modificação ontológica que altera a natureza do próprio corpo. Já não se trata de uma transformação imanente, mas de uma transfiguração, que acarreta uma dupla despossessão. A santidade e a castidade encontram-se estruturalmente fora de alcance dos esforços meramente humanos. A superação da impureza do corpo exige uma intervenção celestial: "somente o poder que é mais forte que a natureza pode nos libertar dela: a graça".[48] Os antigos ideais de perfeição e de sabedoria são reinterpretados pelos Padres como simples ideias reguladoras da vida ética, sempre ligeiramente perigosas, visto que elas permitem acreditar, arrogantemente, que poderíamos salvar-nos por conta própria. Além disso, a impossibilidade de uma saúde obtida por suas próprias forças provém também da superioridade das potências subterrâneas: presença oculta do demônio no cerne da vontade de cada um. Novamente, tal instância demoníaca não se confunde com a própria natureza do corpo. Mas esse é o *palco* de uma disputa entre ela e a alma com o objetivo de apoderar-se dele.[49] Há a "composse, copenetração, coexistência do espírito do mal e da alma no corpo" (*GV*, p.291), e é através delas que o Maligno pode incitar, na alma, desejos imundos imediatamente vivenciados no corpo. Justamente para esquivar-se dessas armadilhas, o sujeito deverá desenvolver e nutrir uma perpétua suspeita em relação a si mesmo.

Com essa dúvida referente às capacidades de influenciar a si mesmo de maneira real e profunda, a relação com a ascética torna-se problemática. O combate contra a concupiscência reativará antigos exercícios compilados há muito tempo. As abstinências e as provações do corpo continuarão a sustentar as práticas de si cristãs, particularmente na vida monástica ocidental dos séculos IV e V, que

---

47 Foucault, "Le combat de la chasteté", p.1117.
48 Ibidem, p.1124.
49 Ver Cassiano, *Conférences*, t.I, VII, 9-13, p.255-8.

84 ARIANNA SFORZINI

acabará por sistematizá-las e hierarquizá-las. Mas é a própria textura da relação consigo, a experiência que o sujeito faz de si mesmo, que se transforma. A ascética já não é uma disputa atlética da qual se deve sair vitorioso: ela deve manifestar, agora, uma renúncia ao orgulho, ao egoísmo, à sua existência carnal. A ascese cristã é uma subjetivação paradoxal que segue a via da mortificação e da separação de si mesmo. Portanto, os exercícios do corpo não visam tanto à resistência, mas ao aniquilamento da concupiscência, desse desejo que faz que optemos por nós mesmos em detrimento de Deus. Essa inflexão continua ao longo dos primeiros séculos, contra tendências presentes no próprio cristianismo. É uma luta conduzida, por exemplo, contra as práticas de ascetismo selvagem nos séculos III e IV, que adquiriam a forma de uma "vagabundagem geográfica, mas também de uma vagabundagem e de uma errância especulativa e não controlada" (*GV*, p.287). Os exercícios do corpo devem representar, sobretudo, uma prova de obediência, de humildade e de paciência. Eles devem ensinar a "ser como um cadáver, ser como um corpo inanimado, ser como uma matéria originária entre as mãos do outro, e jamais resistir" (*MFDV*, p.136), diz Foucault ao parafrasear São Nilo.[50]

Resta que um dos elementos decisivos dessa cultura cristã reside no fato de que tal renúncia se sustentará em uma obrigação de produzir verbalmente a verdade de si mesmo. Foucault descreverá duas práticas penitenciais do cristianismo primitivo (a *exomologèse* e a *exagorèse*), que lhe permitirão esboçar a triangulação cristã da relação entre a verdade, o sujeito e seu corpo.

A *exomologêsis* é um ritual de penitência que se desenvolve no segundo século, com o intuito de permitir que pessoas batizadas que haviam cometido graves transgressões fossem reintegradas à Igreja. Não se trata de um simples ato formal, infinitamente renovável, como será o caso do sacramento da confissão. A penitência exomologética

---

50 Ver Nilo, *Liber de monastica exercitatione*, cap.41, 769D-772A, em *Patrologia Graeca*, t.LXXIX; *Discours ascétique*, em *Philocalie des Pères neptiques*, p.99. Citado em Hausherr, *Direction spirituelle en Orient autrefois*, p.190.

MICHEL FOUCAULT   85

é um "estatuto" que desordena todos os aspectos da existência ao longo de muitos anos. Ela compreende um longo período de preparação marcado por práticas de mortificação (jejuns, abstinências, vestir farrapos, contrições). Ao final dessa fase de autopunição impressionante, o penitente entrega-se, no adro da igreja, a uma manifestação "simbólica, ritual e teatral"[51] de seu ser de pecador: uma *publicatio sui*, por meio da qual ele manifesta publicamente que pecou e que se encontra arrependido, solicitando ser reintegrado à comunidade. Esse "pequeno martírio" de penitência e de conversão realiza-se, portanto, através do corpo, sob a forma concomitante de uma mortificação física e de uma exposição dramática. É uma manifestação corporal, não verbal e não analítica (não se exige nenhuma verbalização exaustiva das transgressões) de sua própria verdade de pecador: "uma espécie de grande teatralização da vida, do corpo, dos gestos, com uma parcela verbal bastante ínfima" (*MFDV*, p.110).

A *exagoreusis é*, ao contrário, uma prática de verbalização de si que se desenvolve no seio das comunidades monásticas a partir do século IV, tomando como modelo o exame de consciência pagão. Não se trata de um ritual penitencial exterior e público, mas de uma recorrente manifestação verbal da intimidade de sua alma diante de um outro, propícia a desalojar a eventual presença do demônio em seus pensamentos ou em seus desejos. A *exagoreusis* expõe uma verdade de si, e essa verdade atua ainda como um operador de renúncia a si mesmo e à sua própria vontade, a fim de não ser nada além de uma "matéria originária" nas mãos de Deus. Mas esse movimento não se manifesta na teatralidade de um corpo mortificado, e sim através de um "exercício contínuo e permanente de linguagem" (*MFDV*, p.110). A antiga incorporação dos *logoi* é substituída por uma hermenêutica dos *logismoi*, dos pensamentos, por meio da qual o corpo se torna sobretudo o núcleo da concupiscência, uma fonte de ameaças a serem detectadas. E é esse modelo monástico de verbalização de si que, através da longa história da confissão, se impôs à cultura ocidental.

---

51 Foucault, "Les techniques de soi", p.1627.

No entanto, seria um erro pensar que o "polo corporal" da confissão (*exomologèse*) fora totalmente esquecido. Ao contrário, esse modelo de penitência se mantém até os séculos XV e XVI, enquanto manifestação não verbal da verdade: nos rituais físicos que circundam a confissão (cobrir o rosto, no caso das mulheres ou dos jovens rapazes; expressar seus remorsos através de um total arrependimento etc.), mas também no que Foucault descreve como a dimensão "parresiástica" (*CV*, p.307) do cristianismo. De fato, a *exomologêsis* restitui à *parrêsia* a exigência de uma exposição não discursiva do verdadeiro. Em face da superioridade das técnicas hermenêuticas de si na cultura cristã, as reativações históricas de uma verdade que deve ser mais vivenciada do que verbalizada (Foucault cita o exemplo das ordens mendicantes) impõem-se como uma outra maneira de experienciar sua fé. Fazer do corpo, para além da carne, "o teatro visível da verdade" constitui uma forma de crítica, mas também a busca por uma relação diferente com a própria verdade: "uma prática particularmente viva, intensa, forte, em todos os esforços de reforma que se opuseram à Igreja, a suas instituições, a seu enriquecimento, a seu relaxamento dos costumes" (*CV*, p.169).

As batalhas dos corpos

Por uma "nova imaginação política": o corpo utópico

Ao longo das análises foucaultianas, o corpo produz e resiste. Observado, governado ou posto à prova, ele engendra jogos de verdade imanentes aos discursos (saberes ou juízos). No entanto, o corpo também os enfrenta, por meio de múltiplas estratégias: quando subverte, pelo exagero ou pela encenação, as demandas de verificação; quando contorna ou aniquila, através da simulação e da repetição, as exigências da conformidade; quando denuncia, pelos tremores e gritos, as pretensões dos saberes-poderes constituídos; quando evita, através da exibição e do escândalo, a imposição de um dizer verdadeiro. As dinâmicas do corpo compreendem uma potência crítica que constitui um motor essencial da história genealógica. Sem pressupor fundo substancial algum, os jogos históricos dos corpos evidenciam, por conta própria, sua capacidade de insubmissão.

Com o intuito de percorrer esses núcleos problemáticos, é possível evocar uma conferência radiofônica proferida por Foucault, em 7 de dezembro de 1966, na rádio France-Culture: "O corpo utópico". Com um tom e estilo que parodiam a *démarche* fenomenológica, Foucault apresenta os conceitos de corpo e de utopia como irreconciliáveis à primeira vista. Pois o corpo é realmente uma "*topia* implacável [...] o lugar sem recurso ao qual estou condenado" (*CU*, p.9-10). Sua inelutável finitude, seu pesar definitivo, a impossibilidade de separar-me dele em meus deslocamentos, meu trabalho, meu sono, sinalizam minha incapacidade estrutural de estar em

88 ARIANNA SFORZINI

qualquer outro lugar além dele. Nesse sentido, o corpo é o absoluto oposto desse lugar sem lugar da utopia. Assim, a primeira de todas as utopias seria o sonho de não possuir corpo – ou, na verdade, de possuir um "corpo incorporal" (*CU*, p.10), podendo adquirir a forma de corpos investidos de poderes mágicos, como nos contos de fadas, ou ainda de corpos lisos e transfigurados, como aqueles que residem nos reinos dos mortos, representados nas antigas máscaras fúnebres. A alma pode ser considerada, por esse ângulo, como a mais perfeita das utopias ocidentais do corpo: o duplo puro, incorruptível de si, uma interioridade desembaraçada da materialidade lamacenta e mortal da corporeidade. Em última instância, a alma não é nada além de "meu corpo luminoso, purificado, virtuoso, ágil, móvel, tépido, viçoso; é meu corpo liso, castrado, arredondado como uma bolha de sabão" (*CU*, p.12). A incorporal "prisão do corpo", de *Vigiar e punir*, traduz-se aqui como uma espécie de sonho, duplo transparente elevando-se acima das misérias de nosso mundo. A alma, como o outro essencial do corpo.

No entanto, não é tão fácil esquecer a realidade do corpo, visto que ela encerra, *também*, virtualidades utópicas. Não seria o corpo uma "arquitetura fantástica" (*CU*, p.14)? Ele é o espaço dos lugares impenetráveis, das profundezas ocultas (enigma das imagens e dos pensamentos que se produzem *na* cabeça). É sobretudo movimento, energia, tão pouco redobrado sobre seu ser. "Nada é menos coisa do que ele: ele corre, agita, vive, deseja, deixa-se atravessar sem resistência por todas as minhas intenções" (*CU*, p.14). Por fim, as utopias só podem nascer *a partir* do corpo. "Corpo utópico", ou melhor, corpo "heterotópico",[1] capaz de aparecer sob diferentes formas, de "irrealizar" seu tempo e seu espaço, de transfigurar seus mundos. As máscaras, as tatuagens, a maquiagem, mas também as drogas e os transes místicos, os rituais e as artes do corpo em geral, das danças

---

1 Ver "As heterotopias", conferência radiofônica proferida em 21 de dezembro de 1966, na rádio France-Culture, em *CU*, p.23-6. Uma nova versão do texto será proferida no Cercle d'Études Architecturales em 14 de março de 1967, sob o título "Des espaces autres" (em *DE II*, texto n.360, p.1571-81).

MICHEL FOUCAULT   89

ancestrais às performances contemporâneas, são expressões dessa capacidade que o corpo possui de se metamorfosear. O corpo "está *sempre* em outro lugar, ligado a todos os outros lugares do mundo e, na verdade, está em outro lugar que não o mundo" (*CU*, p.17). O corpo incita, alimenta o desejo de utopias. E é aí que o olhar fenomenológico se torna, do ponto de vista de Foucault, insuficiente. Meu corpo é, certamente, "o ponto zero do mundo" (*CU*, p.18), a fonte da relação com o mundo. No entanto, em sua virtualidade utópica, ele não é redutível a nenhuma subjetividade estável. É, pelo contrário, aquilo que se furta a qualquer determinação essencialista. O corpo contém a capacidade de esboçar, no âmago de seu presente e de sua presença, a contingência inesperada das alteridades imprevisíveis. Ele é uma "grande cólera utópica" (*CU*, p.19), o lugar de "todos os outros lugares do mundo", o teatro de um frenético jogo entre necessidade e liberdade.

Nos primeiros trabalhos de Foucault, essa ideia de um "corpo utópico" sempre estará associada ao tema do duplo. Em 1963, em um artigo dedicado a Maurice Blanchot, Foucault defende que a potência de reduplicação (antiplatonismo da repetição: a multiplicação dos simulacros quebra a unidade e a unicidade das Formas) define o próprio ser da linguagem. Uma ontologia da linguagem e do discurso literário deveria evidenciar essa analítica das formas de duplicação.[2] Ora, no mesmo ano, em uma transmissão radiofônica, Foucault defende que essa linguagem vertiginosa também habita nosso corpo.[3] É Freud quem definitivamente teria nos libertado da ilusão grega de uma linguagem separada do corpo. A verdadeira inovação freudiana, indica Foucault, não é a descoberta da libido, mas a da corporeidade da linguagem e de uma linguagem dos corpos. "Os gregos diziam que as palavras possuíam aspas" e, no entanto,

---

2 Ver Foucault, "Le langage à l'infini", *DE I*, texto n.14, p.281.

3 Foucault, "Le corps et ses doubles", transmissão de 28 de janeiro de 1963, quarta de cinco transmissões da série radiofônica "L'usage de la parole", produzida por Michel Foucault e realizada com Jean Doat para a RTF France III National. Uma transcrição parcial do texto foi publicada sob o título *Les Grecs disaient que les paroles avaient des ailes.*

90 ARIANNA SFORZINI

sabemos agora que elas nascem do corpo e dele não são separáveis, que a linguagem "nasce rente aos nossos gestos, que ela habita, em surdina, nossa pele e nossos ossos, que ela jamais se liberta por completo dessa caverna sonora que somos nós".[4] Esse corpo dotado de linguagem por Freud estará submetido ao mesmo risco de desdobramento. Próximo à potência utópica do corpo, projetando novos mundos, existe uma versão mais inquietante de corpo-outro, um domínio de experiências no qual o corpo ameaça a unidade da alma, fragmenta a solidez da identidade. Existe, certamente, um fantasma reconfortante do duplo, que fomentou em inúmeras culturas a serena esperança de uma vida após a morte. Corpo glorioso, gêmeo transparente de nós mesmos. Mas a experiência do duplo do corpo em nossa civilização encontra-se marcada, sobretudo, pelo signo da angústia. De fato, para nós, "o duplo, ao multiplicar o ser, não o encerra, não o determina. Ao contrário, ele o vampiriza".[5] É o terror de M. Goliadkine, no *Duplo* de Dostoievski, vendo surgir diante de si seu duplo perfeito. É o pânico inverso de uma diluição da materialidade opaca de seu próprio corpo, no *Horla* de Maupassant. É também a experiência esquizofrênica de um mundo tornado hostil, visto que o corpo já não consegue investi-lo, habitá-lo corretamente com sua própria presença: "A partir do momento em que o corpo já não habita realmente o mundo, o próprio mundo também se altera profundamente", ele se torna "um labirinto inextricável, [...] uma espécie de bola de agulhas totalmente voltada contra nós".[6] O corpo, que parecia erigir a muralha mais sólida e concreta de nosso eu, revela-se poroso, instável, desordenado: "este corpo singular, o nosso, bastante difícil de conservar em sua identidade e [...] sempre pronto a escapar, a multiplicar-se como uma esponja monstruosa".[7] Se ele pode multiplicar-se em horizontes encantados, transportar-nos para outro lugar, ser o suporte de

---

4 Foucault, *Les Grecs disaient que les paroles avaient des ailes*, p.1.
5 Ibidem, p.2.
6 Ibidem, p.5.
7 Ibidem, p.4.

MICHEL FOUCAULT **91**

metamorfoses, ele também pode, desde que "se desdobre e prolifere como uma grande planta venenosa",[8] dispersar nossa identidade, tornar-se praticamente um estrangeiro que nos ameaça, em vez de nos envolver em uma cápsula de carne reconfortante.

Nesses textos dos anos 1960, o corpo e sua materialidade confusa (opaca ou superficial, mágica ou ameaçadora) representam, portanto, uma possibilidade de contestação do sujeito filosófico clássico, síntese uniformizante das representações. Ora, Foucault, ao longo de sua obra, tentará encontrar essa virtualidade desassujeitante e desindividualizante do corpo através das revoltas concretas. Ele estuda resistências práticas, sempre impelidas por esse "furor utópico" dos corpos, dotadas da capacidade de suscitar uma "nova imaginação política".[9] Apresentaremos aqui três exemplos desses corpos "resistentes": corpo da histérica, provocando verificações delirantes dos esquemas neurológicos; corpo da possuída, sensível às sugestões dos confessores, podendo chegar à convulsão; corpo do cínico, realizando em sua existência o escândalo da verdade. O corpo revela-se, em todo caso, um instrumento indefinível de contestação, em face das obrigações sociais de identidade e de verdade.

A simulação verificadora: o corpo histérico

Em seu curso sobre *O poder psiquiátrico*, Foucault constata que a psiquiatria do século XIX mantém uma relação problemática com sua própria verdade. A estrutura asilar foi elaborada apoiando-se em princípios extraídos das verdades classificatórias ou anatômicas da doença mental. O asilo psiquiátrico é um espaço disciplinar no qual o corpo do alienista é o centro e a fonte. Essa identificação do asilo com o corpo do médico-chefe compreende diversas interpretações. O internamento é decidido após um primeiro face a face

---

8 Ibidem, p.6.
9 Foucault, "Méthodologie pour la connaissance du monde: comment se débarrasser du marxisme", *DE II*, texto n.235, p.599.

92 ARIANNA SFORZINI

entre o paciente e o psiquiatra, este último fazendo valer sua superioridade através da soberba de sua postura. Em seguida, o "tratamento moral" dos loucos é conduzido através de uma série de embates punitivos ou apaziguadores. E os demais personagens do asilo (enfermeiros, equipe de serviço etc.) jamais passam de transmissores desse primeiro corpo do médico-chefe, "corpo alongado, distendido, elevado às dimensões de um estabelecimento, estendido a tal ponto que seu poder será exercido como se cada parte do asilo fosse uma parte de seu próprio corpo" (*PP*, p.179). Os enfermeiros são seus olhos, e os muros do asilo, seus braços. O saber psiquiátrico não é nada além da remota garantia desse superpoder de um corpo contra outro. O alienista não busca demonstrar a verdade da loucura, e sim materializá-la nos corpos, através deles.

Nessas condições, não surpreende que o problema central da psiquiatria tenha sido o da *simulação*, que reconduzirá o alienista ao lugar da produção de verdade. Mas não se deve entender "simulação" como um simples embuste, um puro disfarce que manteria intacta a verdade médica. De fato, sempre é possível fingir uma doença sem, contudo, problematizar o saber médico. No caso da psiquiatria, em contrapartida, a mentira tornar-se-á afirmação paradoxal de verdade, e a loucura expressão autêntica da ausência de doença. A simulação asilar é "o modo pelo qual a loucura simula a loucura, [...] o modo pelo qual um falso sintoma é uma forma de estar verdadeiramente doente" (*PP*, p.135). Ora, existe uma "enfermidade" particular cuja essência parece consistir em uma capacidade infinita de inventar ou de exagerar seus sintomas, de encenar sofrimentos verdadeiros: é a histeria, que certamente é mais uma doença da simulação do que uma simulação de doença. Patologia por muito tempo "reservada" exclusivamente às mulheres (tanto que será atribuída a uma disfunção do útero),[10] a histeria possibilitará no século

---

10 Embora tal atribuição seja negada por Charcot, que admite assim a possibilidade de pacientes histéricos de sexo masculino, a histeria permanece essencialmente uma doença das mulheres – e o corpo histérico um corpo feminino em revolta. Por conseguinte, utilizaremos a partir de então o gênero feminino.

XIX, com Charcot, esse momento no qual a psiquiatria será confrontada com a prova da *realidade de sua verdade*. Diante do corpo todo-poderoso, protetor e alienante do psiquiatra, ergue-se um outro corpo que o submete ao complexo jogo da ilusão da verdade (científica) e da realidade da mentira (patológica). É o corpo das histéricas, corpo hipócrita e sofredor, dócil e manipulador: *"Mas que uma mulher obrigue seu próprio corpo a mentir!* Como a medicina pode continuar a ser exercida com honestidade, se os próprios corpos se põem a mentir?".[11]

"Grande insurreição simuladora" (*PP*, p.137), de Georget a Charcot, das experiências de 1821[12] até os anos 1880, a histeria (que possui seu teatro parisiense: a Salpêtrière) é responsável por escrever, na história da psiquiatria, o capítulo da contestação subversiva. O episódio da histeria "descoberta" por Charcot não pertence à "calma tradição" (*PP*, p.138) da história das ciências (e de seus fracassos), não constitui um momento negativo na dialética do verdadeiro. Ele faz parte da história das lutas, das resistências aos mecanismos disciplinares dos asilos e ao seu complemento discursivo. História consideravelmente alheia ao restante, no sentido de que não se trata de um programa político articulado ou de uma revolta organizada. Mas o que se opera no corpo da histérica é, sem dúvida, um desafio ao saber psiquiátrico, e suas piruetas, seus saltos e seus gemidos são entendidos como táticas, estratégias insurrecionais elaboradas na grande espontaneidade festiva dos corpos. O episódio das histéricas de Charcot na Salpêtrière não se trata de errância epistêmica, mas "de afrontamento, de envolvimento recíproco, de organização de armadilhas antagônicas, de investimento e de contrainvestimento, de tentativa de tomada de controle entre os médicos e as histéricas"

---

11 Didi-Huberman, *Invention de l'hystérie*, p.105.

12 O psiquiatra Étienne Georget conduz na Salpêtrière, em 1821, experiências de sonambulismo em duas mulheres, Pétronille e Manoury (dita "Braguette"), as quais não cessam de capturar os dispositivos. Ver Georget, *De la physiologie du système nerveux, et spécialement du cerveau*, t.I, 1.parte, 2.seção, cap.3 ("Veille et sommeil, rêves, cauchemar, somnambulisme naturel, et somnambulisme magnétique"), p.267-301.

94   ARIANNA SFORZINI

(*PP*, p.310). A histeria é esse momento da oposição magnífica dos corpos contra a cinzenta ciência das almas: "saudemos as histéricas como as verdadeiras militantes da antipsiquiatria" (*PP*, p.253). Para Foucault, esse afrontamento pode ser compreendido a partir do surgimento do corpo neurológico na medicina. Como já observado, o corpo da nova ciência neurológica descrito por Charcot constitui-se em torno de um esquema estímulo-resposta, que produz reverberações no esquema estímulo-efeito da medicina moderna (bato no peito e escuto o efeito provocado). O corpo neurológico é um corpo *funcionalmente estimulado*, mas suas respostas parecem objetivas, inacessíveis à mentira ou à simulação: "Caminhe! Estenda sua perna! Estenda sua mão!" (*PP*, p.304). E, diante dele, o médico silenciosamente observa e registra seus contornos involuntários.

A histeria será submetida a esse novo exame por Charcot, que desejará retirá-la do pântano das falsas loucuras ou dos delírios sexuais, e descrevê-la como doença neurológica séria, a partir de injunções que ele dirigirá *a seu corpo*. Dupla vantagem: o neurologista complementa seu catálogo, submete a seu novo império antigas patologias erroneamente caracterizadas; e a histérica, pela primeira vez na sua história, torna-se uma "verdadeira" doente. Na verdade, a descrição científica da *histeria mor* realizada por Charcot durante os anos 1870-1880, na Salpêtrière, deve ser compreendida mais como luta furiosa do que como serena extração de impecáveis quadros clínicos. Pois o investimento médico será refutado "pelas grandes artimanhas da histeria" (*PP*, p.310). Em primeiro lugar, para que a histérica possa alcançar sua dignidade de doente "verdadeira", é preciso que ela seja capaz de oferecer um "cenário sintomatológico" (*PP*, p.310) coerente e completo: um conjunto, no íntimo das crises, de sintomas precisos e de fases ordenadas, permitindo um diagnóstico seguro. Charcot explora, observa, descreve, desencadeia os ataques da "grande histeria", e suas pacientes rapidamente lhe oferecem um quadro clínico regular: pródromos (hemianestesias e paresias, turvações visuais, dores ovarianas, palpitações); fase epileptoide (rigidez muscular, convulsões e perturbações); fase dos "grandes movimentos" ou período clônico (contorção do corpo em

MICHEL FOUCAULT   95

um grande arco de circunferência, frequentemente acompanhado de gritos que lembram uma luta); fase de transe ou atitude passional (gesticulações de êxtase, paixão, pavor, fúria ou gozo, soluços e risos); fase do "delírio terminal".[13] A busca, a demanda por sintomas, é plenamente atingida, até mesmo de modo excessivo. A histérica realiza um sobrelanço confuso em sua oferta. Ela permite que seja lido em seu corpo muito mais do que o neurologista demanda, e multiplica de modo inquietante as capacidades de reação (ver as 17.083 crises que Habill, paciente de Charcot, manifestou em um período de catorze dias),[14] de tal maneira que a meticulosa obra de classificação-sistematização é rapidamente ultrapassada. Ao responder às injunções médicas, as histéricas exibem um júbilo silencioso (é somente o corpo que fala), porém suspeito, visto que proliferador. Se o neurologista disser: "Obedeça às minhas ordens, cale-se, e seu corpo responderá por você" (*PP*, p.306), o autômato que lhe responde parece incontrolável.

Desse modo, Charcot se vê obrigado a associar a histérica de hospital às histéricas "naturais". É a estratégia do "manequim funcional" (*PP*, p.313). A fim de libertar a histeria da crítica da simulação, deve-se traçar um paralelo entre sintomas descritos na Salpêtrière e outros espontaneamente produzidos sem intervenção médica. Ora, certas pessoas traumatizadas, certos acidentados, apresentam exatamente sintomas neurológicos (paralisias sem lesões anatômicas, anestesias etc.) que as histéricas são capazes de *reproduzir*. Jogo confuso: demanda-se que a histérica autentique o valor neurológico de um sintoma através de sua capacidade de desencadeá-lo artificialmente em seu próprio corpo. A histérica se torna esse "manequim" da verdade: um corpo que, por seu artifício, confirma a verdade natural da doença. Mas, ao conceder às histéricas o papel de "instância de verificação, de verdade entre a doença

---

13 Ver Charcot, *Leçons sur les maladies du système nerveux*, t.I, em particular p.340 e p.373 *sq*.

14 Ver Charcot, *Leçons du mardi à la Salpêtrière. Policlinique 1888-1889*, nota do curso de MM. Blin, Charcot, H. Colin, Leçon IV, Policlinique du mardi 13 novembre 1888: "Attaque de sommeil hystérique", p.68.

e a mentira" (*PP*, p.318), Charcot encontra-se sob a dependência delas. O prazer do sintoma reproduzido por aquelas proclamadas como senhoras da verdade não reduz sua inventividade sintomática, mas a aumenta consideravelmente, e na medida em que seu corpo responde "com uma tal generosidade, uma tal pletora, uma tal obediência e, ao mesmo tempo, uma tal sede de poder, esta não seria, no fim das contas, a prova de que tudo isso é fabricado?" (*PP*, p.318). Uma terceira manobra médica, a procura pelo trauma, evidenciará claramente a potência histérica de mistificação. Visto que no modelo da anatomopatologia é impossível determinar o centro lesional da histeria, Charcot tentará encontrar um correlato para a lesão, um acontecimento que teria sido capaz de inscrever a fragilidade nervosa no corpo funcional da histérica: um trauma (os acidentados seriam a prova da produção de sintomas histéricos resultantes de um acontecimento localizável). Mas como reconduzir suas pacientes da Salpêtrière ao trauma inicial? Interrogando-as sob hipnose, para fazê-las atingir o primeiro episódio. Manobra definitiva de envolvimento: em face dessa demanda, as histéricas respondem por meio da narrativa inesgotável de sua sexualidade, ao passo que se esperava o relato de insuportáveis fracassos ou de violentos choques. Ora, desde o início Charcot jamais desistiu de tentar dessexualizar a histeria, a fim de torná-la científica e crível. A etiologia sexual havia sido o elemento perpétuo de sua desqualificação médica. Daqui por diante, a questão deveria ser apenas medula espinhal e terminações nervosas, e eis que é seu corpo sexual que a histérica projeta no palco da Salpêtrière, mas agora para desqualificar o edifício neurológico construído em torno da histeria, edifício que acaba por soçobrar no ridículo. Além do mais, talvez tenha sido esse erotismo do corpo em convulsão que, desde o início, fascinara o corpo cativo do neurologista. "Essa espécie de grande bacanal, de pantomima sexual" (*PP*, p.324) que as histéricas produzem é a contrarresposta estratégica definitiva, permitindo o advento de um novo período na história da psiquiatria, da psicologia e das ciências do homem. "Um novo corpo aparece; [...] o corpo sexual" (*PP*, p.325). E Freud, que aceita medicalizar esse corpo, pode suceder Charcot. "As histéricas, para

MICHEL FOUCAULT 97

o maior de seus prazeres, mas sem dúvida para a maior de nossas desgraças, puseram a sexualidade na mira da medicina" (*PP*, p.325).

Na releitura de Foucault, a história da histeria provoca o surgimento de três características dos corpos enquanto lugar de um combate aletúrgico: eles são uma instância de *resposta*, de *verificação* e de *transformação*. O corpo em luta responde a um poder através de posturas, de atitudes que o caricaturam e o denunciam. Ele o verifica por meio de uma docilidade exagerada que expõe a verdade de sua dominação. E assim ele o transforma, obrigando-o a entrar em um jogo de estratégias e de contraestratégias eternamente reiniciado.

Os combates do consentimento: o corpo possuído

A histérica exagera os sintomas que o psiquiatra lhe atribui, já que esse acréscimo de submissão faz que seu corpo resista a um poder médico ultrapassado e caricato. Mas Foucault descreverá um segundo e mais antigo episódio dessa história dos corpos em luta diante das demandas de verdade, observado a partir da emergência do dispositivo confessional no século XVI.

Ao articularem novas injunções de verdade, os mecanismos da confissão e da direção de consciência pós-tridentinos suscitarão um novo corpo: corpo de desejo e de prazer, esse corpo de "carne", no sentido previamente definido. O corpo da possuída situar-se-á no ponto de exasperação e de reviravolta desse processo: através de suas perguntas, o confessor suscita na penitente um corpo demoníaco que, em contrapartida, transforma o próprio confessor em refém. O século XVII em particular, sobretudo a partir dos anos 1630-1640, é a época dos grandes episódios de possessão, de Marselha a Loudon, de Louviers a Auxonne. Testemunha-se uma verdadeira epidemia, que não constitui, segundo Foucault,[15] a reativação de velhas superstições ou uma expressão patológica das inquietudes

---

15 Ver *AN*, aula de 26 de fevereiro de 1975, p.190 *sq.* (páginas relativas à edição francesa).

98 ARIANNA SFORZINI

espirituais provocadas pela Contrarreforma. Na verdade, deve-se compreendê-la como um "ponto de reviravolta e [um] foco de resistência" na "história política do corpo" (AN, p.198-9).

Para conceber a possessão demoníaca como constituição de um "núcleo de resistência" dos corpos de mulheres[16] em luta, Foucault elabora uma distinção entre ela e outro fenômeno histórico que lhe é ocasionalmente associado: a feitiçaria. Os episódios de feitiçaria e de possessão certamente se sobrepõem, até mesmo dando a aparência de uma continuidade histórica. Mas eles constituem respostas específicas a duas estratégias distintas de poder, às quais corresponderão duas políticas dos corpos: o corpo-pacto da feiticeira, selado a partir de um contrato voluntário com o diabo; o corpo-teatro da possuída, atravessado e fragmentado pelas perversas sugestões de seu confessor e por secretos regozijos com a penetração do demônio.

A feitiçaria atesta a sobrevivência de crenças pagãs nos campos, em regiões periféricas e isoladas nas quais cultos arcaicos permaneceram praticamente intactos desde a Antiguidade. Confrontada com um revigorado esforço de difusão do cristianismo no século XV, que tem no tribunal da Inquisição seu poderoso instrumento, a feiticeira ("péssima cristã", mulher à margem da sociedade e da vida comum) catalisará em seu corpo a oposição a essa extensão do poder eclesiástico. Ora, tal oposição constitui-se de acordo com um modelo jurídico. A feiticeira é um sujeito de direito. Ela *escolhe* assinar um pacto com o diabo, pacto que implica uma troca: ela participará do Sabá, colocar-se-á a serviço de Satanás, e este lhe oferecerá, em recompensa, sua assistência e seus poderes. Por conta disso, o corpo da feiticeira é dotado de propriedades extraordinárias, "afetado por uma espécie de transmaterialidade" (AN, p.196): ele pode tornar-se invisível, transportar-se a seu bel-prazer no espaço, dispor de forças praticamente invencíveis. Mas ele porta em si os estigmas do

---

16 Como já era o caso na histeria, embora existam evidentemente feiticeiros e possuídos, a frequência estatística das mulheres nas questões de feitiçaria e de possessão é tanta que podemos considerá-las como formas "femininas" de resistência dos corpos.

MICHEL FOUCAULT **99**

pacto diabólico. Com efeito, o corpo das feiticeiras comporta essas famosas zonas de insensibilidade, que são o modo pelo qual Lúcifer reconhece seus adeptos, mas também a prova que os inquisidores e juízes produzem para fundamentar sua acusação. Pacto, ato de troca, marcas: os corpos-feiticeiros constituem diversas singularidades jurídicas de vontade e de ação, subordinadas a um único Mestre. Mecanismos distintos operam nos episódios de possessão. Não estamos mais em regiões entregues a crenças incertas, mas em grandes cidades, próximas das igrejas, e ainda mais precisamente em conventos, ali onde as novas práticas de confissão e de direção de consciência impostas pela Contrarreforma podiam ser exercidas de maneira intensa e regular. A partir do momento em que o corpo-carne se torna o objeto direto do exame penitencial, a resistência a essas intrusões arquitetar-se-á na intimidade mesma dos organismos. A possessão constitui uma resposta explosiva a esse poder que, por meio de reiterados interrogatórios, explora entre as mulheres os seus rompantes de prazer e de desejo. Os diretores de consciência encontrar-se-ão capturados por carnes que se descobrem permeáveis à invasão de um outro mestre, que eles próprios terão suscitado através de seu questionamento incessante: o demônio que jaz no interior dos corpos. O modelo jurídico do pacto, que predominava na feitiçaria, é substituído por um modelo fisiológico de penetração indefinida. O diabo apropria-se do corpo da possuída através de uma lenta ocupação de suas sensações, percepções e desejos, a fim de instalar aí os seus próprios. O contrato com dois termos (a feiticeira e o diabo) que caracteriza a feitiçaria é substituído, a partir de então, por uma triangulação entre o diabo, a possuída (geralmente uma freira) e o confessor ou o diretor de consciência.

Ora, tal triangulação complica-se por meio de jogos de desdobramento. O confessor pode efetivamente desempenhar dois papéis: o do bom ou do malvado diretor, o exorcista que liberta ou o feiticeiro dissimulado que favorece a penetração do diabo. Esse personagem concentra em si as contradições e os contrastes de uma Igreja dividida pelas facções inimigas e pelas ambições concorrentes (oposição entre os cleros regular e secular etc.), porém ávida por reafirmar

100 ARIANNA SFORZINI

seu poder em face dos cultos reformados e da afirmação do poder de Estado.[17] Por outro lado, o próprio corpo da possuída constitui um local de desdobramento ou, na verdade, de uma fragmentação indefinida. Ele é um verdadeiro "teatro fisiológico-teológico" (*AN*, p.197) de dilacerações e de lutas. Como já visto, o corpo de concupiscência, produzido pelos mecanismos da confissão, é um corpo intrinsecamente dividido por questionamentos extenuantes. Uma desordem semelhante e revigorada desarticula o corpo da possuída, atravessado pelo corpo de um Outro, penetrado por uma farândola de sensações, tormentos, desejos e potências que ela vivencia na intensidade e na vertigem de um abandono extasiante e lascivo. Na verdade, seria inexato defender que a possuída jamais teria, *a priori*, permitido essa penetração do diabo. Essa apropriação se produz contra sua vontade expressa e sem contrato explícito. Mas sempre há consigo esse jogo sutil da secreta complacência, que coincide com uma anuência implícita ao Outro demoníaco, na qual as fronteiras do voluntário e do involuntário se confundem. O corpo possuído é perpetuamente *agitado* pelos tremores de um sofrimento moral que acompanha um prazer carnal, pelos movimentos de uma possessão atroz pelo Outro, que é ao mesmo tempo uma despossessão lânguida de si. Então, como afirma Foucault, "a vontade é carregada de todos os equívocos do desejo. A vontade quer e não quer" (*AN*, p.195). Desse modo, o corpo possuído já não é o simples depositário das marcas de um primeiro pacto. O signo da possessão é essa "forma plástica e visível do combate no corpo da possuída" (*AN*, p.197): a *convulsão*, um conjunto de gritos, de agitações dolorosas e de sobressaltos eróticos, de gestos obscenos e blasfemos, de tremores confusos. À obrigação de confessar, nos detalhes mais ínfimos e íntimos, os movimentos secretos de seu corpo e de seu desejo, a possuída opõe

---

17 Urbain Grandier, padre de Loudun, acusado de haver enviado legiões de diabos aos corpos das ursulinas e de haver, ele próprio, se enfiado entre seus lençóis à noite, foi condenado a ser queimado vivo em 18 de agosto de 1634. Ele se opusera à política de destruição de fortalezas conduzida por Richelieu, e era suspeito de ser a favor dos huguenotes da cidade. Acerca desse assunto, que Foucault conhecia bem, ver De Certeau, *La possession de Loudun*.

MICHEL FOUCAULT 101

a vertigem brutal de uma palavra vaga e de um corpo significante. À regra que impõe um condenável discurso em primeira pessoa, ela opõe o grito involuntário e revoltado de um corpo que responde por meio de uma linguagem vinda de outro lugar. Desde então, o problema apresentado ao poder eclesiástico será o de "levar adiante esse grande policiamento discursivo e esse grande exame da carne" (AN, p.201), sem cair nos pântanos de resistência que os corpos convulsivos constituíram como resposta. Para isso, a Igreja deverá organizar estratégias gerais, que Foucault denomina "os grandes anticonvulsivos" (AN, p.202): instauração de um mecanismo de moderação interna; provocação de um deslocamento externo; apropriação lateral de técnicas disciplinares.

Em primeiro lugar, será necessário organizar o espaço da confissão de modo a diminuir sua potência incitadora. O "moderador interno" nos procedimentos de confissão tomará a forma de uma "regra de discrição" (AN, p.202), uma circunspecção enunciativa. O confessor deverá zelar para que jamais demande ao penitente mais do que o necessário. A confissão completa dos pecados organizar--se-á em torno de uma hierarquia e de minuciosas regras estilísticas e retóricas. Será preciso proceder por insinuações discretas e milimétricas, pois se corre o risco de ensinar àquele que se confessa pecados que ele não conhece, e de até mesmo suscitar um prazer em relatar fraquezas da carne. Além do mais, esse conjunto de precauções toma a aparência de um dispositivo material. Exige-se que o confessor se oculte atrás de uma grade, em um espaço recluso e escuro, sendo proibido olhar seu penitente nos olhos. Estamos diante de uma dupla injunção contraditória: dizer o menos possível para fazer que tudo seja dito. Moderação desse tudo dizer, já que as virtualidades pecaminosas podem habitar tanto um ávido questionamento quanto respostas complacentes.

Em segundo lugar, a Igreja tentará expulsar de sua instituição essas manifestações convulsivas que resistem aos seus mecanismos de poder e de veridicção. Ela efetuará, então, uma dissociação decisiva entre a "carne" e a "convulsão": a carne permanecerá o campo privilegiado da confissão e da direção de consciência, ao passo que

102 ARIANNA SFORZINI

a convulsão será objeto de um processo de desqualificação de sua sacralidade, para tornar-se um fenômeno puramente médico. É claro que essa cessão de competências rapidamente causará problemas, já que ela oferece a um saber-poder laico a possibilidade de entrar nos conventos e de apossar-se dessa "fisiologia moral da carne", que constituía até então o domínio privativo da pastoral cristã. No entanto, as virtualidades sediciosas da possessão tornam essa transferência de poder indispensável. No mais, é através dessa reaquisição médica das convulsões que, segundo Foucault, uma medicina das doenças nervosas poderá constituir-se. O nervosismo desempenha, na medicina, o papel que era exercido pela concupiscência no interior das técnicas penitenciais. A medicina da sexualidade encontra uma de suas origens nessa medicalização da carne convulsiva, da qual a Igreja deseja libertar-se. A convulsão, no contexto do desejo sexual secreto, torna-se o paradigma das doenças do sistema nervoso. Por seu lado, a Igreja efetuará uma desmaterialização das manifestações devocionais. As aparições milagrosas da Virgem, que excluirão qualquer contato entre os corpos e exigirão crianças pré-púberes, substituirão as possessões (demoníacas ou místicas) a partir do século XIX. Afastar-se-á assim, de uma vez por todas, o corpo convulsivo, sensitivo e perigoso da mulher.

Enfim, uma terceira modalidade de anticonvulsivos consistirá na adoção, por parte da Igreja, desses mecanismos disciplinares dos quais já falamos, e que, no século XVII, desenvolviam-se nas instituições educadoras, nas casernas, nos hospitais, nas prisões. Visto que o perigo da convulsão provém do corpo de concupiscência, este será vigiado de acordo com modalidades experimentadas em outros espaços. A instauração de aparelhos disciplinares (quartos separados, rigorosas distribuições, classificações etc.) nos seminários, nos colégios, nas comunidades religiosas, permitirá um controle minucioso dos corpos e de sua sexualidade, a fim de neutralizar os perigos da carne. "É o corpo portanto, é a noite portanto, é a higiene pessoal portanto, é a roupa de dormir portanto, é a cama portanto: é, portanto, exatamente entre os lençóis" (*AN*, p.211) que a Igreja tenta neutralizar os mecanismos desencadeadores das agitações carnais.

MICHEL FOUCAULT   103

Assim, os episódios de possessão no século XVII constituem, segundo a análise de Foucault, a expressão de um confronto de poderes e de verdades. Observa-se em sua história as três características já ressaltadas a propósito dos corpos em luta na histeria do século XIX. Os corpos possuídos respondem à intrusiva prática de direção espiritual. Há um deslocamento tático dos alvos dessa forma de poder sobre os corpos, deslocamento caracterizado por uma perturbação da vontade. Além disso, tal resposta continua a pressupor a questão da verdade, porém voltando-a contra si mesma. A convulsão conecta-se à obrigação de dizer a verdade acerca de si, constituindo sua repetição deformada, ou até mesmo sua instância desdobrada de verificação: a possessão dissolve, em um corpo múltiplo, o discurso de obediência à doutrina única. Dessa forma, a confissão exigida pelo clérigo pode tornar-se, como já observado, uma armadilha que arrisca minar todo o dispositivo de verdade elaborado em torno da carne, e que obriga esse dispositivo a reformular-se. Portanto, os corpos possuídos representam também um elemento de transformação. Eles abrem vias inéditas, novos campos de luta.

Uma "militância em meio aberto": o corpo cínico

A análise do cinismo proposta por Foucault em 1984, na segunda metade de *Coragem da verdade* (seu último curso proferido no Collège de France), possibilita o mais incisivo desenvolvimento acerca do valor resistente e militante do corpo envolvido em uma prática da verdade. O cinismo é, contudo, uma corrente marginal da filosofia antiga, pouco estudado, e menos ainda reconhecido. Foucault decide estudá-lo enquanto local de expressão de uma problematização fundamental: a da *verdadeira vida*, na acepção de um *bios* que seria a encarnação visível e tangível do verdadeiro, uma "plástica da verdade" (*CV*, p.288). O cínico descreve a si mesmo como o homem da *parrêsia*, do dizer verdadeiro. Ele faz da coragem da verdade o conteúdo e a forma de sua existência. Tal existência comporta aspectos essenciais, que se diferenciam das outras condutas

104 ARIANNA SFORZINI

filosóficas de vida. Não se trata simplesmente de orientar sua vida de acordo com *logoi* aprendidos, segundo o movimento, já observado, de incorporação da verdade como princípio de ação. O processo vai ainda mais além: deve-se assegurar, tanto na prática (*ergô*) quanto no discurso (*logô*), que "a verdade se materialize em seu corpo" (*CV*, p.160), que o corpo se torne o testemunho vivo da verdade. Além disso, o cínico é determinado até mais pelo seu modo de ser do que pelo conteúdo de seus discursos: vida nômade, desgaste das vestes, aspecto descuidado e sujo, porte de um manto, de uma bolsa e de um cajado, barba e cabelos compridos, pés descalços. No entanto, esses gestos e atitudes do corpo não são meros sinais de identificação, mas a condição necessária à *parrêsia* e à existência filosófica, de tal modo que seria possível afirmar, acerca da *askêsis* cínica, que ela seria composta exclusivamente de treinos corporais.[18] O cínico realiza em seu corpo, sobre seu corpo e através de seu corpo as exigências de simplicidade, de independência, de desprezo pelas convenções e de autonomia que constituíam os princípios da ética antiga. Ele aparece "como a estátua visível da verdade [...]: o próprio ser do verdadeiro, tornado visível através do corpo" (*CV*, p.284).

Mas o que esse *deslocamento* provoca na verdade? O que ela se torna quando já não encontra seu elemento no *logos*, mas no *bios*? Como conceber uma prática de verdade que, em vez de prescrever regras, realiza-se *na* vida? Que forma e que força adquire esse corpo que, mais do que a expressão indireta, é a manifestação plena da verdade na existência? Pois bem, esse deslocamento que a verdade efetua, indo do *logos* em direção ao *bios* e ao corpo, lhe fornece um aspecto caricato, escandaloso, em virtude da radicalidade. É esse processo de alteração que Foucault investiga, mostrando como a verdade torna-se *insuportável* a partir do momento em que deixa de habitar o discurso do sábio para habitar o corpo do cínico. Retomando constantemente os textos de Platão, Foucault faz referência a quatro significações tradicionais da verdade (*alêtheia*), relativas a quatro modos de existência filosóficos. Quatro "vidas verdadeiras",

---

18 Ver Goulet-Cazé, *L'Ascèse cynique*, em especial p.195-222.

MICHEL FOUCAULT 105

que possuem, como ideais, quatro valores de verdade: a transparência, a pureza, a retidão, a autossuficiência. Uma vida verdadeira é, antes de tudo, uma vida não recôndita, não dissimulada: uma vida franca e sem mentiras, que não teme ser publicamente exposta. É, em seguida, uma vida sem mistura, livre das desordens da paixão, e que conhece somente valores puros (ela procura o bem liberto de pequenos vícios, venera uma justiça destituída de qualquer prazer egoísta etc.). O terceiro traço da verdade é a retidão, que conduz o filósofo a levar uma "vida correta", de acordo com as leis. E, finalmente, uma vida de verdade depende apenas de si mesma. O filósofo leva uma existência independente e soberana, que é autossuficiente e que protege o indivíduo dos acasos do destino.

O cinismo não contesta essas características tradicionais da verdadeira vida. Ele as retoma, mas radicalizando-as, aplicando-as literalmente, no caso, *literalmente em seu corpo*. Certo imperativo é tradicionalmente associado à sabedoria cínica: "*parakharattein to nomisma*", que ao pé da letra significa "alterar o valor da moeda". No entanto, essa alteração não deve ser concebida como uma falsificação, no sentido negativo de uma desvalorização. Na verdade, o verbo *parakharattein* significa: apagar a efígie da moeda a fim de conferir--lhe um valor mais autêntico, de fazê-la reencontrar seu verdadeiro valor. Por outro lado, o termo *nomisma*, em grego, designa ao mesmo tempo a moeda e o *nomos* (a lei, o costume). Portanto, a pretensão cínica consistirá em uma alteração-transfiguração dos valores ordinariamente vigentes, dos costumes aceitos. Ao longo de seu dizer verdadeiro agressivo, provocador, violento, o cínico "falsifica" as convenções e as normas, fazendo surgir a impressionante figura de uma vida *escandalosamente* verdadeira, revigorada pelo fogo de suas significações radicais. Para isso, os cínicos intensificarão o emprego dos princípios filosóficos na existência, chegando mesmo a deformá--los. Ora, ao ser *exaustivamente encarnada*, a vida filosófica torna-se infinitamente transgressora.

Visto que uma vida de verdade não deve temer a exposição, o cínico fará do espaço público o local exclusivo de sua existência. Nenhum aspecto de sua vida será disfarçado atrás do pudor

106 ARIANNA SFORZINI

de paredes opacas. O cínico dorme e come na rua, faz amor e se masturba em praça pública. Sua existência é exposta sem qualquer reserva, de tal modo que a transparência se reverte em despudor, que a recusa das máscaras sociais e das segundas intenções se reverte na chocante afirmação do corpo exposto em sua nudez.

Os cínicos retomam também o tema da vida sem mistura, levando uma vida que pretende livrar-se de tudo o que não seria absolutamente necessário e que dependeria das incômodas convenções ou do inútil conforto. A prática de purificação do erro ou do vício transforma-se na busca por um despojamento que visa a eliminar o supérfluo. A independência, a não mistura, adquire a forma de uma pobreza entendida como processo de perpétuo alívio, uma pobreza não apenas "efetiva, material, física", mas "real, [...] ativa, [...] infinita" (*CV*, p.237). Em meio à indigência, deve-se continuar a buscar aquilo a que ainda é possível renunciar, até atingir uma existência selvagem e bruta. Essa incessante instauração de uma relação despojada com o mundo é, contudo, bastante diferente das virtudes cristãs de humildade ou de obediência. Para o cínico, a penúria é aquilo que lhe permite ostentar orgulhosamente sua superioridade em relação aos demais e denunciar os obstáculos de suas vidas. A vida pura do filósofo, radicalizada, transmuta-se em existência repugnante, no limite da desonra. Mas o cínico expressa, por meio da penúria de seu corpo, que a verdadeira miséria é a dos moralistas e dos resignados, todos eles escravos da comodidade e da opinião, submissos ao conforto das certezas e das conquistas.

No que diz respeito à verdadeira vida enquanto vida correta, os cínicos ressaltam a ambiguidade fundamental dissimulada no conceito de "lei". Eles realmente desejam seguir as leis, não as frágeis e inconstantes leis da cidade, mas as invariáveis leis da natureza – a natureza rude dos animais. Os cínicos buscarão no cachorro, no polvo ou no caracol modelos de comportamento, ou extrairão dos poleiros lições de existência. Levar a vida "corretamente", "seguir a natureza", significa para eles recusar a família, pregar o amor livre, admitir o incesto ou a antropofagia. Para além da provocação, deve-se compreender que a animalidade não constitui um dado bruto ao

MICHEL FOUCAULT 107

qual seria necessário conformar-se. Ela é o elemento de uma prova, de um trabalho ético (suprimir os limites da fadiga e da bravura, enrijecer-se), uma "rocha de escândalo" que deve ser oposta às filosofias que buscam aplacar a lei natural. A partir de então, a verdadeira vida não mais se adéqua às exigências das Essências ideais, mas à aspereza de um Elementar que atravessa a vida dos animais e que possibilita opor a crueza de uma saúde simples às etéreas lições dos sábios. Por fim, os cínicos reavaliam a vida soberana dos sábios. Se aproximadamente todas as escolas filosóficas do mundo helenístico e romano haviam formulado o ideal ético de plenitude como o domínio completo de si, o cínico pretende atingir essa soberania sem limites. O cínico *é* um rei, ele é o rei absoluto, e seu reino não depende nem da fortuna, nem do nascimento, nem das riquezas, nem da força das armas. É o que Diógenes declara a Alexandre.[19] Diógenes é mais rei que o rei dos reis, Alexandre, já que, como cínico, domina seu corpo e suas paixões, e sua indiferença às vicissitudes do mundo é tanta que nada mais o contraria. Não possuindo qualquer domicílio fixo, pode dormir em qualquer parte; não possuindo qualquer riqueza, nada precisa defender. Vivendo como um cão, toda a terra é seu domínio de errância. Rei de derrisão, rei irônico, opondo a superioridade da chacota aos reinos concretos, todos eles destinados a derrocadas mais ou menos iminentes. Como rei de miséria, não precisa dominar sujeitos e terras, porém sua missão é latir e morder (o próprio termo "cinismo" provém do grego *kuôn-kunos*, que designa o cachorro). Latir, na medida em que evoca as verdades perturbadoras que ninguém deseja escutar; morder, visto que a verdade fere e faz mal. Esta é a única solução capaz de retirar as pessoas da letargia dos hábitos e dos fardos. É preciso fazer todo o possível para *combatê-las*, caso se deseje *ajudá-las*. O cínico sabe que a verdade talvez seja, sobretudo, aquilo que não suportamos pensar.

---

19 Ver Dião Crisóstomo, *Discours IV: Sur la royauté*, em *Les Cyniques grecs. Fragments et témoignages*, p.249-77; Diógenes Laércio, *Vie, doctrines et sentences des philosophes illustres*, livro VI, § 32, 38, 60, p.18, 20, 29.

108   ARIANNA SFORZINI

Por isso ele exige que todos a confrontem, ao longo de um combate contra as hipocrisias do mundo. É com tal objetivo que ele leva essa "vida militante, a vida de combate e de luta contra si e por si, contra os outros e pelos outros" (*CV*, p.261).

Essa longa análise foucaultiana da "verdadeira vida" e de sua deformação cínica oferece duas perspectivas importantes acerca da questão do corpo. Nas práticas de verdade cínicas, o corpo inicialmente aparece como um elemento de *dramatização*. O cinismo materializa os valores filosóficos da verdade por meio de sua incorporação pública, de sua "representação". E essa exposição dramática age, de imediato, mais como uma contestação do que como uma simples apresentação da própria verdade. Em seu desdobramento corporal, as concepções vigentes da verdade são confrontadas com seu duplo excessivo, intolerável. Os filósofos já não podem reconhecer-se nesses corpos indecorosos que, pretendendo ilustrar seus princípios, denunciam, na verdade, seus limites e suas contradições. Os corpos cínicos, afirma Foucault, produzem "um espelho quebrado para a filosofia antiga" (*CV*, p.214). O valor dessubjetivante do corpo duplicador, que Foucault já havia pensado no início dos anos 1960, encontra-se, entre os cínicos, sob a forma de um paradoxal cuidado de si e dos outros, como repetição espetacular e distorcida do verdadeiro. O segundo valor do corpo de verdade resulta, ainda, dessa dramatização corporal da verdadeira vida. O corpo cínico é potência de *alteração*: ele faz da vida de verdade uma vida *outra*. O corpo do cínico, como já observado, deforma a verdade. Mas essa alteração porta em si uma promessa: a de uma transformação dos mundos e das existências. A operação cínica não é efetuada por simples prazer pela provocação: ela tem por objetivo desencadear revelações, tomadas de consciência, novos desejos por mundos originais. O cinismo, para Foucault, tece magnificamente o laço entre um corpo de verdade e uma vontade de transformação do real: "não há instauração da verdade sem uma configuração essencial da alteridade; a verdade jamais diz respeito ao mesmo" (*CV*, p.311). O *verdadeiro* corpo do cínico demanda a constituição de um mundo *outro*.

MICHEL FOUCAULT 109

Os corpos cínicos recapitulam, assim, as três características dos corpos em luta, várias vezes mencionadas: resposta-oposição, verificação-falsificação, resistência-transformação. Eles são, contudo, irredutíveis aos corpos histéricos ou possuídos. Somente eles procedem de uma prática voluntária, livre, de uma constituição endossada por uma relação "militante" consigo e com os demais, mas "uma militância em meio aberto" (*CV*, p.262). O que esse corpo diz é uma lição profundamente ininteligível, insuportável, tanto hoje quanto há 25 séculos: "pouquíssima verdade é necessária aos que desejam viver verdadeiramente" (*CV*, p.175). Seria preciso o corpo nu do cínico, exposto em sua caricata indecência, para nos fazer entendê-lo.

*

Essa aventura dos corpos explosivos, indecentes, crus (os trejeitos dos cínicos, as convulsões das possuídas, as crises das histéricas), é apresentada por Foucault como a grande revanche deles, sua enorme resistência às políticas de verdade. É o esplendor dos corpos infames, contestando, através de sua baixeza nua e violenta, ou então através de sua força de exposição, a autoridade da "ordem do discurso". Essa revolta que provém de baixo permite compreender várias coisas. Inicialmente, que as grandes batalhas políticas não ocorrem apenas na esfera da reivindicação de direitos. Elas também ocorrem, por um lado, no plano da invenção dos corpos, e, por outro, no âmbito da dimensão da experiência do intolerável, no limiar das indignações diante das injustiças. *Espinosismo de Foucault*: insinuar as potências políticas dos corpos (o que um corpo é capaz de suportar quando se deseja submetê-lo à verdade dos outros, mas também suas capacidades de resistência). Mas essa irresignação oriunda dos corpos também permite compreender, em Foucault, sua ontologia da verdade: a verdade existe apenas nos corpos, através deles, contudo, ao materializar-se nos corpos, a verdade jamais se efetua plena e univocamente. Ela provoca batalhas, suscita disfarces. *Anti-hegelianismo de Foucault*: a verdade não pode deixar de materializar-se, mas essa encarnação produz uma dramatização e uma alteração que fazem trepidar seu ser.

O corpo deve ser entendido como uma instância de realização antidialética. A verdade, nos corpos e através deles, introduz uma diferença, uma ironia, uma rachadura: um jogo que é um combate político. O corpo encontra-se, desde sempre, para além de si como dado bruto: potência em "excesso", força de insubmissão e de ruptura. A filosofia de Foucault é um extraordinário jogo heterotópico através da história, o *teatro dos corpos*. Para ele, a realidade só possui sentido a partir do espetáculo dos corpos que, ao desempenharem os diferentes jogos de verdade, irão imitá-los, caricaturá-los, transfigurá-los e contestá-los.

REFERÊNCIAS BIBLIOGRÁFICAS

AGOSTINHO. *La cité de Dieu.* Livro XIV, cap.XV-XVI, trad. fr. G. Combès. In: *OEuvres de Saint Augustin*, t.XXXV. Paris: Desclée de Brouwer, 1959.

AGOSTINHO. *Quatre livres de Saint Augustin, évêque d'Hippone, contre Julien, défenseur de l'hérésie pélagienne.* Trad. fr. H. Barreau, J.-P. Charpentier, P.-F. Écalle, J.-M. Péronne e C. Vincent. In: *OEuvres complètes de Saint Augustin*, t.XXXI. Paris: Le Vivès, 1873.

ARISTÓTELES. *Éthique à Nicomaque.* III, 13, 1117b 25-1118b 8, trad. fr. J. Tricot. Paris: Vrin, 1990.

ARTAUD, A. Post-Scriptum de Le Théâtre de la cruauté. In: *OEuvres complètes*, t.XIII. Paris: Gallimard, 1974, p.118.

BARBIN, A. *Herculine Barbin dite Alexina B.* Apresentação de M. Foucault. Paris: Gallimard, 1978.

BAYLE, A. L. J. *Traité des maladies du cerveau et de ses membranes.* Paris: Gabon, 1826.

BERT, Jean-François. La Contribution foucaldienne à une historicisation du corps. *Corps: "comment écrire le corps"*, n.1, p.53-61, 2006.

BERT, Jean-François. Rationalisation et histoire des corps dans le parcours de Michel Foucault. In: PORRET, M. (dir.). *Les Sphères du penal avec Michel Foucault.* Lausanne: Antipodes, 2007.

BICHAT, X. *Anatomie générale appliquée à la physiologie et à la médecine.* Paris: Brosson, Gabon et Cie, 1801.

_____. *Anatomie pathologique.* Paris: J.-B. Baillière, 1825.

_____. *Traité des membranes en général et de diverses membranes en particulier.* Paris: Richard, Caillé et Ravier, 1799.

BRAID, J. *Neurypnologie.* Traité du sommeil nerveaux ou hypnotisme. Trad. fr. J. Simon. Paris: A. Delahaye e E. Lecrosnier, 1883.

BROWN, P. *Le renoncement à la chair.* Trad. fr. P.-E. Dauzat e C. Jacob. Paris: Gallimard, 1995.

BUTLER, Judith. *Ces corps qui comptent.* Trad. fr. C. Nordmann. Paris; Amsterdã, 2009.

112 ARIANNA SFORZINI

_____. Foucault and the paradox of bodily inscription. *The Journal of Philosophy*, v.86, n.11, p.601-7, nov. 1989.

_____. *La Vie psychique du pouvoir*: l'assujettissement en théories. Trad. fr. B. Matthieussent. Paris: L. Scheer, 2002.

_____. Reconsidérer "les corps et les plaisirs" [1999].

_____. Retour sur les corps et le pouvoir [2001], trad. fr. N. Ferron e C. Gribomont. *Incidence*, n.4-5, p.91-102 e 103-16, 2008-2009.

_____. *Sujets du désir*: réflexions hégéliennes en France au XXe siècle. Trad. fr. Ph. Sabot. Paris: PUF, 2011.

_____. *Trouble dans le genre*: Le féminisme et la subversion de l'identité. Trad. fr. C. Kraus. Paris: La Découverte, 2005.

CABANIS, P.-J.-G. *Coup d'oeil sur les révolutions et sur la reforme de la médecine*. Paris: Crapart, Caille et Ravier, 1804.

_____. *Observations sur les hôpitaux*. Paris: Impr. Nationale, 1970.

_____. *Du degré de certitude de la médecine*. Paris: F. Didot, 1978.

CASSIANO. *Conférences*. Trad. fr. E. Pichery. 3v. Paris: Cerf, 1955-1959.

CASSIANO. *Institutions cénobitiques*. Livro VI, trad. fr. J.-C. Guy. Paris: Cerf, 1965.

CHARCOT, J.-M. *Leçons du mardi à la Salpêtrière*. *Policlinique 1888-1889*, notas de curso de MM. Blin, Charcot, H. Colin, Lição IV, Policlinique du mardi 13 novembre 1888: "Attaque de sommeil hystérique". Paris: Bureaux du "Progrès médical", 1889.

_____. *Leçons sur les maladies du système nerveux*. t.I, BOURNEVILLE, D. (dir.). Paris: Bureaux du "Progrès médical", L. Bataille, 1892.

CHEVALLIER, Ph. *Michel Foucault et le christianisme*. Lyon: ENS Éd., 2011.

CONDILLAC (Étienne Bonnot). *Essai sur l'origine des connaissances humaines*. Amsterdã: P. Mortier, 1746. [Ed. bras.: *Ensaio sobre a origem dos conhecimentos humanos*: arte de escrever. São Paulo: Editora Unesp, 2018.]

COURTINE, Jean-Jacques. *Déchiffrer les corps*. Penser avec Foucault. Grenoble: J. Millon, 2011.

DE CERTEAU, M. *La possession de Loudun*. Paris: Juillard, 1970 [nova ed. Paris: Gallimard, 1980].

DE LAURETIS, Teresa. Théorie Queer: sexualités lesbiennes et gaies. Une introduction. Trad. fr. M.-H. Bourcier. In: *Théories queer et cultures populaires de Foucault à Cronenberg*. Paris: La Dispute, 2007, p.95-121.

DE TOURS, Moreau. *Du hachisch et de l'aliénation mentale*. Études psychologiques. Paris: Fortin, Masson, 1845.

DIÃO CRISÓSTOMO. Discours IV: Sur la royauté. In: *Les Cyniques grecs*. Fragments et témoignages. Ed. e trad. fr. L. Paquet. Ottawa: Éd. de

MICHEL FOUCAULT 113

l'Université d'Ottawa, 1975 [nova ed.: Paris: Librairie Générale Française, 1992].

DIDI-HUBERMAN, G. *Invention de l'hystérie*. Paris: Macula, 1982 [5.ed. ver. e aum., 2012].

DIÓGENES LAÉRCIO. *Vie, doctrines et sentences des philosophes ilustres*: "Pythagore". Livro VIII, 1, §9, trad. fr. R. Genaille. Paris: Garnier-Flammarion, 1965, p.128.

DUCHENNE, G.-B. *De l'électrisation localisée et de son application à la physiologie, à la pathologie, et à la thérapeutique*. Paris: J.-B, Baillière, 1855.

DUCHENNE, G.-B. *Mécanisme de la physionomie humaine, ou Analyse électro-physiologique de l'expresssion des passions*. Paris: J. Renouard, 1862.

EPICTETO. *Entretiens*. t.III, livro III, 3, 14-19, trad. fr. J. Souilhé. Paris: Les Belles Lettres, 1963.

FONTANA, A. Introdução. In: FOUCAULT, M. *Nascita della clinica*. Una archeologia dello sguardo medico. Turim: Einaudi, 1969, p.VII-XXXV.

FOUCAULT, M. La Parrêsia. *Anabases* 16 (2012), p.181.

_____. *Le Beau danger*. Entretien avec Claude Bonnefoy (1968). ARTIÈRES, Ph. (org.). Paris: Éd. de l'Ehess, 2011.

_____. *Les Grecs disaient que les paroles avaient des ailes*. Montreuil: Manuella Editions; Association pour le Centre Michel Foucault, 2013.

_____. *Maladie mentale et psychologie*. Paris: PUF, 1962. [*Maladie mentale et personnalité*, 1.ed. 1954].

_____. *Subjectivité et vérité*. Cours au Collège de France. 1980-1981. GROSS, F. (org.). Paris: Seuil; Gallimard, 2014.

GEORGET, E. Veille et sommeil, rêves, cauchemar, somnambulisme naturel, et somnambulisme magnétique. In: *De la physiologie du système nerveux, et spécialement du cerveau*. t.1. Paris: J.-B, Baillière, 1821, p.267-301.

GOULET-CAZÉ, M.-O. *L'Ascèse cynique*. Paris: Vrin, 1986 [2.ed. 2001].

HAUSHERR, I. *Direction spirituelle en Orient autrefois*. Roma: Pont. Institutum orientalium studiorum, 1995.

HIPÓCRATES. *Du régime*. Trad. fr. R. Joly. Paris: Les Belles Lettres, 1967.

HOBBES, T. *Leviathan, or the Matter, Forme, and Power of a Common-Wealth, Ecclesiasticall and Civil*. Londres: Andrew Crooke, 1651; trad. fr. F. Tricaud, *Léviathan, traité de la matière, de la forme e du pouvoir de la republique ecclésiastique et civile*. Paris: Sirey, 1971.

KAAN, H. *Psychopathia sexualis*. Lipsiae, apud L. Voss, 1844.

KANTOROWICZ, E. *Les Deux corps du roi*: essai sur la théologie politique au Moyen Âge. Trad. fr. J.-Ph. e N. Genet. Paris: Gallimard, 1989 (nouvelle éd. "Quarto", 2000). [Ed. bras.: *Os dois corpos do rei*. São Paulo: Companhia das Letras, 1998.]

114 ARIANNA SFORZINI

LE GROUPE D'INFORMATION SUR LES PRISONS. *Archives d'une lutte, 1970-1972.* ARTIÈRES, Ph.; QUÉRO, L.; ZANCARINI-FOURNEL, M. (dir.). Posfácio de D. Defert. Paris: Éd. de l'Imec, 2003.

MERLEAU-PONTY, M. *Phénoménologie de la perception.* Paris: Gallimard, 1945. [Ed. bras.: *Fenomenologia da percepção.* São Paulo: Martins Fontes, 2014.]

MUSÔNIO RUFO, C. *Peri askēseôs.* In: HENSE, O. (org.). *Reliquiae.* Leipzig: B. G. Teubner, 1905.

NEGRI, A. Quand et comment j'ai lu Foucault. Trad. fr. J. Revel. In: *Michel Foucault,* Cahier n.95, Paris: L'Herne, p.204, 2011.

NILO, *Liber de monastica exercitatione.* In: J.-P. MIGNE (org.). *Patrologia Graeca,* t.LXXIX. Paris: Brepols, 1860 [1998].

_____. *Discours ascétique.* Trad. fr. L. Regnault e J. Touraille. In: *Philocalie des Pères neptiques.* Bégrolles-en-Mauges, Abbaye de Bellefontaine, 1987.

PLATÃO. Cratyle. In: *Œuvres completes.* t.V, 2.parte, trad. fr. L. Méridier. Paris: Les Belles Lettres, 1931.

PLUTARCO. Périclès. In: *Vies.* t.III, 2, 4, trad. fr. R. Flacelière e E. Chambry. Paris: Les Belles Lettres, 1964.

POTTE-BONNEVILLE, Matthieu. Les corps de Michel Foucault. *Cahiers Philosophiques,* n.130, p.72-94, 2012-2013.

SABOT, Ph. Sujet, pouvoir et normes. De Foucault à Butler. In: JOLLY, É.; SABOT, Ph. (org.). *Michel Foucault: À l'épreuve du pouvoir.* Villeneuve-d'Ascq: Presses Universitaires du Septentrion, 2013, p.59-74.

SÊNECA. *Lettres à Lucilius.* t.III, livro XI, carta 84, §6-7, trad. fr. H. Noblot. Paris: Les Belles Lettres, 1957.

VIGARELLO, G. Le Corps du roi. In: CORBIN, A.; COURTINE, J.-J.; VIGARELLO, G. (org.). *Histoire du corps.* v.1: *De la Renaissance aux Lumières.* Paris: Seuil, 2005, p.387-409.

VON KRAFFT-EBING, R. *Psychopathia sexualis.* Stuttgart: F. Enke, 1886.

WESTPHALE, C. Die conträre Sexualempfindung. Symptom eines neuropathischen (psychopathischen) Zustandes. *Archiv für Psychiatrie und Nervenkrankheiten,* v.2, p.73-108, 1869.

SOBRE O LIVRO

Formato: 13,7 x 21 cm
Mancha: 23,7 x 40,3 paicas
Tipologia: Horley Old Style 11/15
Papel: Off-set 75 g/m² (miolo)
Cartão Supremo 250 g/m² (capa)

1ª edição Editora Unesp: 2023

EQUIPE DE REALIZAÇÃO

Edição de texto
Tulio Kawata (Copidesque)
Carmen T. S. Costa (Revisão)

Capa
Marcelo Girard

Imagem de capa
Yves Klein, *Anthropométrie de l'Époque Bleue*, 1960

Editoração eletrônica
Sergio Gzeschnik

Assistência editorial
Alberto Bononi
Gabriel Joppert

Rua Xavier Curado, 388 • Ipiranga - SP • 04210 100
Tel.: (11) 2063 7000 • Fax: (11) 2061 8709
rettec@rettec.com.br • www.rettec.com.br